小学校体育新教材

個が輝く!

# 「テニピン」の授業づくり

今井茂樹

［著］

東洋館出版社

# はじめに

## 「なぜ、小学校体育の授業で、テニスの授業は行われないのだろう？」

　学生時代にテニスに打ち込み、テニスの面白さに魅了されていた私は、小学校の体育の授業において、何としても、テニスの授業を取り入れたいと思っていました。しかし、当時大学院に在籍していた私は、大学の先生から、「『テニスが好き・面白い』という理由で、小学校体育にテニスを取り入れるということは、根拠にならない。まずは、なぜ、これまで小学校体育でテニスが取り上げられてこなかったのかを精緻に分析し、小学校体育にテニスを取り入れる価値を示さなくては誰も認めてくれない」と指摘を受けました。

　私は、早速、過去の小学校学習指導要領の変遷を辿ってみました。1949年の学習指導要領小学校体育編試案において、第5・6学年の教材例として「フリーテニス」の記載はありましたが、種目名が示されているだけでどのようなゲームなのかは、詳述されておらず、実際には、テニスの授業が一度も取り上げられていないことを知りました。そして、小学校体育では「テニスは難しい」という印象が体育に関わる研究者や教師にもたれていることが分かりました。これが、私がテニス型授業の実践研究を始めたきっかけです。

　大学院を修了し、実践研究を自由にできる東京学芸大学附属小金井小学校に赴任しました。初任から、テニス型授業にチャレンジし、毎年のように研究発表会で提案しては、厳しい指摘をいただきました。改変していく中で、「難しいという印象」ではなく、「テニス型授業の難しさ」を明確にすることができました。この「難しさ」を子どもたちや体育関係者との対話を通して、丁寧に時間をかけて解消していく過程の中で、「個が輝く！テニス型ゲーム『テニピン』」は創出されたのです。

　本書では、「個が輝く！テニピンの魅力」、そして「個が輝く！テニピンの授業づくり」についてまとめました。多くの先生方のよりよい授業づくりの一助になれば幸いです。

　最後になりましたが、本書の発行に至りまして、日本テニス協会強化副本部長の松岡修造氏及び、日本テニス協会普及育成副本部長・慶應義塾大学硬式庭球部監督の坂井利彰氏に多大なるご尽力をいただきました。日本テニス協会との親密かつ温和な連携があるからこそ、現在、テニピンの普及が推進されています。また、近藤智昭氏はじめ、東洋館出版社の皆様には、企画段階からテニピンの可能性を認めていただき、書籍化を実現していただきました。この場をお借りして、関係者の方々に、感謝の意を表します。

令和3年2月　**今井茂樹**

目 次　CONTENTS

# 第 **4** 章 個が輝く！「テニピン」の授業づくり … 55

# 体育授業でテニスに親しむ"夢のような時間"を多くの子どもたちに

日本テニス協会強化副本部長
**松岡 修造**

　もっともっと多くの人に、特に子どもたちにテニスを楽しんでもらいたい。僕なりに何かできないか、僕だからこそできることはないかと考えていたところ、「小学校学習指導要領解説体育編」において、「バドミントンやテニスを基にした易しい（簡易化された）ゲーム」が例示されたという話を聞き、「体育の授業で子どもたちがテニスに親しみ、その面白さを知る大きなチャンスが到来した！」と期待が膨らみました。

　東京学芸大学附属小金井小学校の今井茂樹先生が、2003年から体育の授業にテニスを取り入れ、研究を続けていると聞き、どんな授業をされているのか、見学させていただきました。子どもたちは、ラケットの代わりに、手の平より大きなスポンジを貼り合わせた"ハンドラケット"を手にはめ、スポンジボールを打ち返していました。今井先生に伺ったところ、以前、ミニラケットを用いたテニスを授業に取り入れたものの、ラケットを上手に使いこなせない子どもが多く、できる子とできない子の差が出てしまったとのこと。そこで手づくりハンドラケットを用意したところ、たいていの子どもたちがボールを打ち返すことができたそうです。

　子どもたち全員がボールを打てるように、ルールもよく考えられていました。チームご

とに戦略を練る機会もあり、授業の際には、その戦略のよかった点や反省点を発表する子どもたちの姿がありました。そして次の時間には、それぞれの課題に応じた練習メニューに取り組み、またゲームを楽しんでいました。

　数回のテニピンの授業後、ミニラケットを使った実践に進むと、子どもたちは用具を上手に使いこなし、ゲームに興じていました。テニピンを通じて、ボールのバウンド位置を予測し、体とボールの距離感を把握し、リズムを合わせて打ち返すことができるようになっていたそうです。

　授業を見学させていただいた僕が一番うれしかったのは、楽しそうに笑顔でボールを追いかけていた子どもたちの姿です。技術を向上させることだけが目的ではなく、コミュニケーション力、決断力、自分たちでつくったルールを守る、そういった子どもたちの心を育む授業が展開されていました。だからこそ、

安全で、簡単で、みんなが楽しめるテニピンを授業に取り入れ、子どもたちと一緒にテニスの魅力を味わってほしい。この思いを、一人でも多くの先生方にご理解いただけるよう、テニピン普及のお手伝いをこれからもさせていただきたいと思っています。

# 第 1 章

# テニス型ゲーム
# 「テニピン」とは

# 「テニピン」って何？

## 1　小学校学習指導要領準拠のゲーム

　「テニピン」とは、バドミントンコートとほぼ同様のコートの大きさで、手づくりの段ボールラケットや手の平を包み込むようなタイプのラケットを手にはめ込み、ネットを挟んでスポンジボールを直接返球し合う、テニス型ゲームです。

　2017年改訂の『小学校学習指導要領（平成29年告示）解説　体育編』（以下、「解説」）で、新たに例示された「**バドミントンやテニスを基にした易しい（簡易化された）ゲーム**」に当たります。

## 2　難しさが解消された易しいゲーム

　テニスのようなゲームは、用具を扱うことの難しさ、広いコートを確保しなければいけないという場の問題、少人数活動による運動量保障の問題、高価な用具と安全性への危惧などから、これまでの学習指導要領においては取り上げられてきませんでした。

　「テニピン」はこうした問題を解決したゲームとして開発されました。やわらかい手の平を包み込むようなタイプのラケットとスピードの遅いスポンジボールを使い、低いネットの小さいコートでプレーすることで、簡単で安全に誰もがすぐにラリーを続けることができます。ラリーが続くことで、小さいコートでも前後左右に動き回ることになり、豊富な運動量を確保できます。また、小さいコートをつくることによって、同時に大人数がプレイすることを可能にしました。

## 3　個が輝くゲーム

　「テーピン」は、チーム種目中心だった小学校の「ゲーム・ボール運動」領域の中では、貴重な「個人種目」のボールゲームです。個人がボールに触れる機会が多く、その分得点する機会も増えます。まさに「**個が輝く**」ゲームと言えます。

　その中で、成功体験だけでなく、失敗体験も自分のこととして考えることができるようになり、「学びに向かう力、人間性等」の涵養につながることが期待できます。

　また、「テニピン」は、身体接触がなく、ネットを挟んだ向こう側にボールを直接返球するという、ネット型の「攻守一体タイプ」のゲームであるため、ルールがシンプルで、自分たちが考えた作戦を実現しやすかったり、状況を判断する力が身に付いたりするなど、「思考力、判断力、表現力等」の育成にも適しています。

## 4 テニピンの概要

　ゲームは「**ダブルス**」で行い、ペアで交互に打たなくてはいけないため、すべての子どもが平等にボールに触れる機会が保障されています。また、4回ラリーをして、その後の5球目以降から攻防が始まり、得点を競い合うため、得点が入る前に全員がボールに触れることが可能となります。

　このルールによって、子どもは、「失敗しても大丈夫」という安心感をもちながら打ち合うことができるため、相手から送られてきたボールを返球する技能の向上につながります。さらに、ツーバウンドまでに返球すればよいことから、ボールの落下点に移動しやすく、タイミングを合わせて打つ感覚も身に付けることができます。

　このように「テニピン」では、直接相手に邪魔されることなく、全員平等にボールに触れる機会が保障されていることで特定の子どもだけが活躍するのではなく、すべての子ども

4回までの失敗は得点とせず、失敗した回数から続ける。

サーブは、ワンバウンドさせてから打つ。①②③④の順に打つ。

攻撃可
⑤

もが活躍できる場が保障されます。そのため、返せるか、返せないかの攻防の結果、ラリーが続いたり、ラリーを断ち切ったりして得点する面白さを味わうことができます。

## 5 スポーツの本質的な面白さ

　テニスの原型は、手の平でボールを打ち合うゲーム「ジュ・ドゥ・ポーム」（手の平のゲーム）であると言われています。用具を使うスポーツとして高度に発達したテニスを、その本質的な楽しさを損なうことなく、子どもたちが簡単に楽しめるものへと工夫を重ねた結果が、「テニピン」の開発へとつながりました。ボールゲームの何を学ぶのかと問われれば、筆者は迷わず、「**そのスポーツ（運動）がもつ面白さを学ぶ**」と答えます。

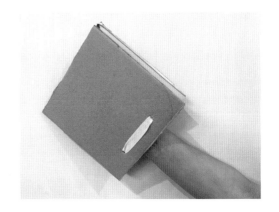

　「テニピン」を経験した子どもたちは、用具を操作する技能や楽しさを段階的に学ぶことで、テニスはもとより、様々な用具を使うスポーツに親しんでいくことでしょう。こうした学びは、多様な動きづくりや基礎的運動感覚を養うことにも肯定的な影響をもたらすことが期待できます。「テニピン」を通した学びが、子どもたちの生涯にわたる豊かなスポーツライフの実現に役立つことを願っています。

# テニスのビッグプレイヤーが「テニピン」の授業に参加!

## 1　注目されるテニス

　錦織圭選手、大坂なおみ選手はじめ、日本人選手が活躍し、メディアでもテニスは注目を集めています。また、望月慎太郎選手が2019ウィンブルドンジュニアで優勝し、ジュニアの世界ランキング１位になり、テニス界はこれまでにない盛り上がりを見せています。

　このようにメディアでテニスが取り上げられることが多くなったことで、小学校の子どもたちにとっては、身近なスポーツとして人気となり、習い事ランキングでも上位を占めるようになりました。

## 2　錦織圭選手、ロジャー・フェデラー選手が授業に参加

　2019年10月14日（月・祝）、日本のテニスの聖地と呼ばれる東京・有明テニスの森で、「UNIQLO LifeWear Day Tokyo」が開催されました。このイベントには、ユニクログローバルブランドアンバサダーである、ロジャー・フェデラー選手、錦織 圭選手、国枝慎吾選手、ゴードン・リード選手、アダム・スコット選手、平野歩夢選手の全６名に加え、ケガのため残念ながら試合は欠場となった錦織選手に代わりジョン・イズナー選手（ATPランキング17位※2019年10月21日付）が来場し、イベントを盛り上げてくださいました。

　このイベントのオープニングとして、公益財団法人日本テニス協会がテニス普及活動の一環として提案している、テニス型授業「テニピン」を、東京学芸大学附属小金井小学校の児童33名で実演しました。

　この日は残念ながら怪我のためマッチには参加することができなかった錦織選手と一緒に記念撮影をしたり、ミニゲームを楽しんだりしました。またプログラム後半には、当初予定にはなかったフェデラー選手も飛び入り参加。 子どもたちと一緒に自身初体験となる「テニピン」にチャレンジしていました。普段のラケットをテニピンの道具に持ち変えて、子どものような笑顔でプレイを楽しむフェデラー選手と錦織選手が印象的でした。

　多くのテニスファンや関係者に、「テニピン」の魅力を広げてくださいました。

### 授業に参加した **子ども** の感想（M・Y）

　ぼくは、あこがれだったフェデラー選手と錦織選手といっしょにテニピンをプレーすることができて感動しました。錦織選手はけがをしていたにもかかわらずテニピンに参加してくれてうれしかったです。またフェデラー選手もいっしょに参加してくれたので一生の思い出です。

### 授業に参加した **子ども** の感想（H・T）

　この授業に参加して、一番うれしかったことはやっぱり、テニスの世界的に有名なフェデラー選手や錦織選手に会えたことです。特に、２人の選手がテニピンのラケットをはめて、私たちとプレーをしてくれたのが印象に残っています。

　初めて、有明コロシアムのような大きく、たくさんの人に見られているコートでテニピンをするのは、とても緊張しましたが、この授業に参加して、よかったです。初めは少人数での参加予定だったのにもかかわらずクラスの全員を参加させてくれた今井先生に、感謝します。

出典：UNIQLO LifeWear Day Tokyoイベントレポート

# 「テニピン」の魅力 ―個が輝く―

### テニス特有の面白さ

ネットを挟んで分離されているため、相手に邪魔されないという利点を活かして、守備と攻撃を同時に行いながら、直接返球して、相手がそれを返せないときに得点になるという形で勝敗を競い合うところに面白さがあります。

### 個が輝く

一般的にシングルスやダブルスでゲームが行われるため、個人がボールに触れる機会が多く、その分得点する機会も増えます。
→他のボールゲームにはない「個が輝ける」よさがあります。

### 成功も失敗も自分ごと

必ずボールに触れて、ゲームに参加できるので、成功体験は自信になり、失敗体験は次への意欲となります。

## 主体的に学ぶことができる！

確実に相手のコートにボールを返せるようになったぞ！打ち方のコツをつかめたよ。

ミスが多かったから、次はもっと下がって、2バウンドを使って打ってみようかな。

# 「テニピン」で身に付く資質・能力

## 状況を判断する力

相手から送られてきたボールが「深かったらどうする？」「浅かったらどうする？」状況によって判断する力を養います。

## 問題を解決する力

個人の課題やチームの作戦、クラスの共通課題について、みんなで共有して振り返ることで、様々な問題を解決する力を養います。

## 戦略を練る力

テニスは個人種目ですが、テニス型ゲーム「テニピン」では、チーム戦とし、自分たちのチームや相手チームの特徴に応じた作戦を立てます。

## 対話を通して、深い学びにつなげることができる！

Aさんは打つときに手の平が下向きになっているから、ネットにかかってしまうんじゃない？

浅いボールはチャンスだから、上から振り下ろすように強いボールを打てるといいよね。

# 基本のルール（ゲームの仕方）

テニスは、個人種目ですので、バスケットボールやサッカーのように、チームで作戦を考えるといったイメージをもちにくいのではないでしょうか。しかし、「テニピン」では、4人〜5人で1チームをつくり、団体で勝敗を競い合うため、個々だけではなく、友達やチーム全体のプレーにも目が届くようになり、集団的達成感を味わうことができます。

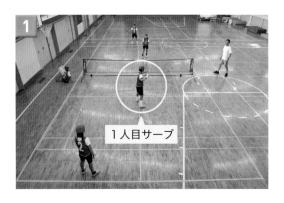

1人目サーブ

1．ゲームはダブルスで行い、合計得点で競い合います。

2．4回ラリーをして、その後の5球目以降からの攻撃で得点が認められるため、1得点が入る中で、全員がボールに触れることができます。

2人目

3．ペアで交互に打たなくてはいけないため、すべての子どもが平等にボールに触れる機会が保障されています。

4．「ツーバウンドまでOK」とし、スリーバウンドしたら、相手チームの得点となります。ノーバウンドもなしとします。

3人目

5．4回のラリー中は、得点が認められないため、失敗した人からラリーを再開します。

例：3人目でラリーが途切れた場合、3人目（3球目）からラリーを再開します。

4人目

5球目
ゲームスタート

1～5のルールによって、ゲーム中に技術的練習の要素をもたせることができ、子どもたちにとっては、「失敗しても大丈夫」という安心感をもちながら打ち合うことができ、技能の向上につながります。

## 【サーブの打ち方】

　サーブは、1バウンドさせてから、相手が打ちやすい場所へ送り出します。

　「味方→相手」と交互に全員が平等に打てるようにします。

　1人目がサーブをしたら、次は相手チームの2人目がサーブをします。その次は、味方の3人目がサーブをします。このように繰り返してプレイします。

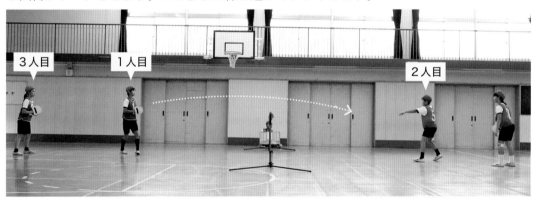

3人目　　　　　1人目　　　　　　　　　　　　　　　　　2人目

① ② ③

### 【サーブ（アンダーハンド）】

ボールを1バウンドさせて、左足の前で（右利きの場合）やさしくポンと当てて打つようにします。

# 用具・場の工夫

## コート

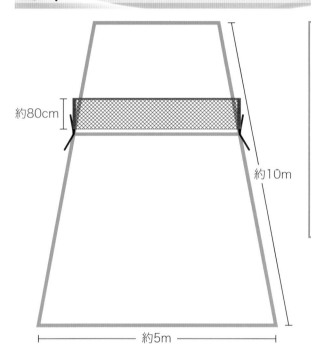

約80cm

約10m

約5m

- ●コートの広さは、縦が約10m、横が約5mです。
- ●ネットの高さは、約80cmです。
- ●ほぼバドミントンコートと同様の大きさのため、体育館でバドミントンコートやソフトバレーボールのラインがあれば、そのラインを活用するとよいでしょう。
- ●グラウンドで行う場合は、4隅にポイントを打ち、授業前にすぐにラインを引けるように工夫するとよいでしょう。

体育館で行う場合は、4コートつくります。

グラウンドで行う場合は、数多くのコートをつくることができますが、4～5コートをおすすめします。

## ネット

●横幅5〜6mの市販のネットを使用します。

●ハードルやコーンバーなどでも代替できます。

●早くテニピンを楽しみたいので、子どもたちは、率先してコートを準備します。

## ラケット＆ボール

### 段ボールラケット
20cm×20cm大の段ボールを、片手にはさめるようゴムで留めます。

### ハンドラケット
段ボールの代わりに、スポンジなどの材料（100円程度）でもつくることができます。

### テニピンラケット
手の平を差し込んで使います（※p.96参照）。

### ボール
スポンジボールを使用します（※p.96参照）。

# ボールの打ち方

## 【フォアハンド】

手の平側で打ちます。はじめは自由に打たせ、感覚がつかめたら横向きをつくり、横に振ることを意識します。

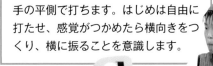

## 【バックハンド】

手の甲側で打ちます。軽く押し出すように打ちます。

## 【つなげる】

下からやさしく、手の平でポンと当てて打つようにします（つなげる・守る）。

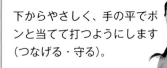

## 【強く打つ】

横から横に、もしくは上から下にボールを叩き落とすように、踏み込んで手の平にバシッと強く当てて打つようにします（強く打つ・攻める）。

# チームの人数とゲームの時間

## 1　チームの人数

- １チーム３〜４人の８チームとします（25名以上32名以下の場合）。
- 33人以上の場合は、１チーム４〜５人の８チームとします。
- 体育館に４コートつくります。
- ゲームに出る子は２人で、出ない子には、得点や記録などの役割をもたせ、順次ローテーションします。また、ゲームに出ない子は、よい動きや課題などをゲーム後の振り返り時に伝えます。

## 2　ゲームの時間

- ゲームの時間は「前半３分」「後半３分」です（25人以上32人以下の場合）。
- 33人以上の場合は「はじめ２分」「なか２分」「終わり２分」とします。
- １時間の授業で２ゲーム行います。

得点や記録などの役割をもたせる

よい動きや課題などを観察する

# 日本テニス協会及び松岡修造氏との連携

　小学校体育において、テニス型の授業は、難しいとされ、2017年に改訂された『小学校学習指導要領（平成29年告示）解説　体育編』（文部科学省、2017）（以下、解説）において中学年のゲーム領域で「バドミントンやテニスを基にした易しいゲーム」が、高学年のボール運動領域で「バドミントンやテニスを基にした簡易化されたゲーム」が示されるまで、小学校学習指導要領では示されることなく、実践されてきませんでした。その理由として、基本的に少人数でのゲームが想定されているため、十分なコートの数が確保できなければ、待機時間が拡大してしまい、個人の学習機会の側面から大きなマイナスであることに加え、用具操作の難しさがありました。

　このような状況の中、筆者は17年間に渡り、小学校体育のテニス型授業の実践研究に取り組んできました。2003年に初めてテニス型授業を実践した際は、柄の付いたミニラケットを使用したり、ダブルスやシングルスのゲームを行ったりしましたが、運動量の制限や用具操作の難しさを解消することができませんでした。こうした難しさと向き合い、一つ一つ課題を解決すべく試行錯誤を通して、「テニピン」（今井、2013）を開発したのです。その後、2017年に改訂された解説において中学年のゲーム領域で「バドミントンやテニスを基にした易しいゲーム」が、高学年のボール運動領域で「バドミントンやテニスを基にした簡易化されたゲーム」が示された背景

に鑑み、筆者は日本テニス協会に働きかけ、小学校体育の中で子どもたちにテニスの面白さを味わわせたいことや体育へのテニス型授業の普及を通してテニス界の発展にも貢献したいという考えを示し、共に「テニピン」の普及を目指していくことになったのです。

　共に普及活動を始めたころは、テニスの普及を目指したい日本テニス協会と子どもたちにテニス特有の面白さを味わわせたい筆者の思いにズレが生じていました。約2年に渡る議論を通して、学校教育全体のことや体育授業で求められている資質・能力に関することなどを丁寧に説明したり、日本テニス協会が使用を求める柄の付いたラケットが、なぜ小学校体育では難しいと言われているのかを、これまでの実践研究をもとにエビデンスを示したりすることにより、「テニピン」の必要性の理解を得ることができました。こうした互いの思いを擦り合わせる作業の積み重ねは、松岡修造氏の心を動かす要因となりました。現在は、松岡修造氏と共に、NHKテニスパークにおけるテニス型授業講習会をはじめ、日本全国を回り、普及活動に連携して取り組んでいます。

第 2 章

# 今求められている！
# 「テニピン」

# コロナ禍で注目される「テニピン」

## 1 コロナ禍における体育授業

2020年は新型コロナウイルス感染症により、世界中が国難に見舞われました。日本も例外ではなく、3月に緊急事態宣言が発令され、学校は3月から全国一斉に臨時休校となり、多くの地域で5月末まで休校が続きました。

学校再開後は、3密を避けた新しい学校生活様式に慣れることに子どもたちも教員も手一杯で、学習が思うように進まない状

況にありました。このような中、体育科においては、「新型コロナウイルス感染症対策としての学校の臨時休業に係る学校運営上の工夫について」（文部科学省、2020）に示された内容から、「ソーシャルディスタンスを保つ」「身体接触を避ける」「用具の共用を避ける」といったコロナ禍対策を講じた授業が求められました。

こうした条件を考慮すると、密集・密接になりやすく、多人数で用具を共有することが多いボールゲームは、他領域と比較して実践するためのハードルが高いと言えます。しかし、ボールゲームは、通常時であれば、学校体育のカリキュラムの小さくない割合を占めている領域であり、また子どもたちからの人気が高い領域でもあります。そう考えると、厳しい制限の中でもどのような形であれば実践可能かを模索することが求められるのではないでしょうか。

このような問題意識に立ち、筆者は「テニピン」の成果と課題を明らかにし、コロナ禍における「テニピン」の有効性を検討しました。その実践について紹介します。

## 2 コロナ禍における「テニピン」授業の実際
### ①技能向上に貢献したオンラインとオフラインを融合した授業づくり

本単元は、8時間扱いで実施しました。1時間の流れは、①ウォーミングアップを兼ねて「おうちでテニピン遊び」、②学習ポイントの確認、③個のめあてに応じた練習、④チームの時間、⑤ゲーム、⑥振り返りで構成しました。

単元を通して「テニピン遊び」を帯で実施したことにより、「テニピン」に必要な技能「①打点に入る力、②バウンドにタイミング合わせる力、③ラケットにボールを当て、返球する力」が向上しました。このことに加え、臨時休校中に「おうちでテニピン遊び」を紹介し、各自が家庭で取り組むことにより、オンライン（家庭）とオフライン（学校）に系統的な学びが生まれ、技能向上につながりました。「おうちでテニピン遊び」については、「松岡修造さんと連携して開発！おうちでテニピン遊び（p.26〜29）」を参照ください。

## 単元計画

| 時 | 1 | 2 | 3・4・5 | 6・7・8 |
|---|---|---|---|---|
| ねらい | テニピンを知る | | ・みんなが楽しめるルールをつくる<br>・相手から送られてきたボールを返球する | ・勝つための作戦を考えてゲームをする<br>・状況判断のもと返球し、得点する |
| 主な学習活動 | 【オリエンテーション】<br>・テニピン遊び<br>・コロナ禍対策をして行う<br>・シングルスで試しのゲームをする | 1．テニピン遊び<br>2．ダブルスで試しのゲームをする<br>・8チームに分けて4コートでゲームをする | 1．学習の準備・テニピン遊び<br>2．学習ポイントの確認<br>3．個のめあてに応じた練習<br>4．ゲーム1（前後半3分）<br>【個人のめあてを意識しながらゲームをしよう】<br>5．チームの時間（作戦を考えながら）<br>6．ゲーム2（前後半3分）<br>☆チームの課題を意識しながらゲームをしよう<br>7．振り返り | 1．学習の準備・テニピン遊び<br>2．学習ポイントの確認<br>3．個のめあてに応じた練習<br>4．チームの時間（作戦を考えながら）<br>5．ゲーム<br>【状況判断をして、ボールを返せるようにしよう】<br>「ゲーム1（前後半3分）／チームの時間（3分）／ゲーム2（前後半3分）」<br>6．振り返り |

## ②身体接触を避け、ソーシャルディスタンスを保つ工夫

　文部科学省の指針では、マスクを外して運動する場合は、2m以上離れるように示されています。この基準で考えると、ダブルスでのプレーは難しいと考え、シングルスでゲームを行いました。ネットを挟んでプレーするため、2m以上は確保され、安心・安全にプレーできました。しかし、1コートに2人しか入ることができないため、本実践では、コート数を8面確保し、1コート4〜5人を配当し、総当たり戦方式で実施しました。

シングルス：「テニピン」の様子

　このゲームの仕方は、準備に時間がかかるうえ、子どもたちからは、1時間目の振り返りで、「ダブルスのほうが、ペアで動き方を工夫したり、相手のコートのどこを攻めるとよいかを考えたりできるから楽しい」「テニピンは個人ではなく、チームで戦うから楽しい」「ダブルスに戻してほしい」という声が多く挙がり、話し合いの結果、2時間目からは通常のダブルスで行う「テニピン」のルールに戻し、ペアの間隔

ダブルス：「テニピン」の様子

２ｍ以上を意識してプレーすることになりました。

　２時間目のはじめに、２ｍの距離感を子どもたちに理解させたうえでゲームに取り組みました。ゲームの様相から、２ｍ程度は離れてプレーできていることが確認されるとともに、授業後の振り返りにおいても、映像で２ｍ程度離れてプレーしていることを全体で共有・確認することができたため、３時間目以降も継続してダブルスで取り組んでいくことになりました。

### ③用具の共用を避ける工夫

　ネット型の「バドミントンやテニスを基にした易しい（簡易化された）ゲーム」は、一般的に個人のラケットなどの用具を使用します。しかし、体育の授業において、学校で貸し出しているラケットなどの用具は個人のものではないため、次のクラスの子どもたちの使用が想定され、授業後にすべての用具を消毒する必要がありました。次の授業を控える中、体育の授業終了後にすべての用具を消毒する時間は現実的につくることはできません。

　こうした課題を克服すべく、臨時休校中に各自が制作した段ボールラケットを使用しました。段ボールラケットは個人の用具となり、他者が使うことはないため、個人が安心して使用することができるとともに、消毒の必要もないため、コロナ禍対策として有効活用できるよさがあります。

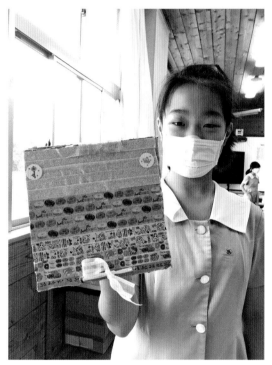

子どもがつくった段ボールラケット

　もう一点問題になるのは、ボールの共用です。どのボールゲームにおいてもボールの共用は避けられません。そこで、本実践では、利き手に段ボールラケット、反対の手には手袋をはめるようにしました。この対応によって、直接、手でボールを触れることを避けられました。また、日常の学校生活の中から、顔に手を近づけないことを意識させ、体育授業中においても徹底して取り組みました。

　授業の振り返りの際に、ある子が「先生、両手に手袋すれば、直接ラケットに触れることにならないからハンドラケットを使ってもいいと思うのですが…」との発言があり、周りの子も「確かに！」と賛同する出来事がありました。顔に手を近づけないことを前提にすれば、手袋をすることを通して、直接的な用具の共用を避けることができます。この考えは、他の運動にも活用できると思われ、新たな気付きとなりました。

## 3　日本教育新聞の一面掲載！

　本実践を通して、「テニピン」は、「ソーシャルディスタンスを保つ」「身体接触を避ける」「用具の共用を避ける」といったコロナ禍対策を講じることができ、withコロナ時代における実施しやすい数少ないボールゲームの１つであることが認められました。

　withコロナ時代が想定される中、子どもたちに人気のあるボールゲームの実施を延期するという選択をするのではなく、子どもたちが笑顔で生き生きと活動できる姿を想像しながら様々な観点から

ハンドラケット

できることを模索し、子どもたちと授業を創り上げていくという作業は、これまで以上に教師に求められることでしょう。

　コロナ禍における「テニピン」の授業実践は、日本教育新聞の一面に掲載され、注目を集めています。

---

## 日本教育新聞　2020年（令和2年）7月6日（月曜日）

## コロナ禍で注目　体育で「テニピン」

### 身体接触が少なく

新型コロナウイルスの感染防止策として体育の授業内容が制限される中、テニスをアレンジした「テニピン」が静かな注目を浴びている。身体接触の心配が少ない上、技術的にも小学生から楽しめ、用具も気軽にそろえられるからだ。6月下旬、活動に取り組む学校を訪ねた。

東京学芸大学附属小金井小学校。6年1組の子どもたちの歓声が体育館に響いた。

「何回連続でラリーできるか、やってみよう」

ラリーでウォーミングアップを終えるとゲームが始まる。見た目はテニスだが、できたラケットは段ボール。基本的にダブルスで、卓球と同様に同じチームの選手が交互に打つ。この日は感染症対策として、ラケットを持たない方の手には手袋を着けてプレーした。ある女子児童は「手でコントロールできるのでテニスより簡単にできる」と笑う。

テニピンは、学生時代テニスをしていた今井茂樹教諭が17年前に開発した。2017（平成29）年度に改訂された小学校学習指導要領の解説体育編には、ゲーム・ボール運動の「ネット型」としてテニスが例示さ

テニピンをプレーする子どもたち＝6月25日、東京学芸大学附属小金井小

### テニスをアレンジ　小学生から楽しめる

れた。

しかし、用具をそろえるのにお金がかかり、ラリーを続けられるようになるためには技術が必要だった。ボールに触れられる子とそうでない子の差が付きやすかったという。

それに対しテニピンでは、ネットはキッズテニス用のものを使用するか、コーン標識とバーでも代用が可能。必要なのはスポンジボールくらいだという。

ルール面では、できるだけ多くの子どもがボールを打てるよう、4打目までは打てない。ラリーで5打目からがポイントになる。「ボールを打つための体の使い方や戦術などを学べてテニスの入門競技にもなる」と今井教諭。

現在、日本テニス協会の協力を受け、普及活動も行っている。

小学校でも実施しやすい「ネット型」のゲームとして関心を集める一方、今年のコロナ禍対策を進める上で、身体接触が少なく用具の共用も不要な点が注目され、ゲーム・ボール運動の実施を延期する学校が相次ぐ中、今井教諭はテニピンに取り組んでほしい」と話す。「安全性の高いテニピンに取り組

日本教育新聞（2020年7月6日（月））

# 松岡修造さんと連携して開発!
# おうちでテニピン遊び

## 1　臨時休校中の子どもたち

　本校では、臨時休校中、Teams（Microsoft社）を活用しオンラインにおける非同期型で課題を出し、学習を進めました。国語、社会、算数、理科といった教科では、学習イメージをもちやすい一方で、オンラインで体育の授業を行うとな

ると縄跳びカードや運動遊びカードを配布し、運動を促すことや、運動に関わるサイトを紹介することしか想定できませんでした。こうした状況は本校に限らず、多くの学校でも同様の悩みを抱えていたと推察されます。また、保護者に対して毎週行っていた、子どもの健康に関する調査では、「運動不足」の声が多く挙がり、学校としても対応を考える必要感に迫られていました。

## 2　オンラインにおける「おうちでテニピン遊び」の提供

　休校中の子どもたちの運動不足の状況に鑑み、家庭の中で運動の面白さに触れることはできないだろうかと、「おうちでテニピン遊び」の構想を考えました。自宅で取り組めることを前提として、

①段ボールラケットづくり
②1人テニピン遊び
③2人テニピン遊び
④テニピンゲーム

を考案し、それぞれを動画を撮影しました。

▶松岡修造さんのテニピン解説

### ①段ボールラケットづくり

　20cm四方に切ったダンボールを2枚用意し、手首の箇所にゴム紐をつけて重ね合わせて制作します。最後に各自、好きな絵を描いて、オリジナル段ボールラケットの完成です。

▶段ボールラケットづくり

段ボールラケットづくり

②１人テニピン遊び

【ボールつき】

　表側で10回ボールをつきます。

【10回ボール打ち上げ】

　手の平側で、ボールを打ち上げ、地面について弾んできたボールを再度打ち上げます。この動きを10回続けます。続いて、手の甲側でも同様に行います。

【表裏10回打ち上げ】

　手の平側・手の甲側で「交互」にボールを打ち上げ、10回連続で行います。

【表、裏、１回転】

　手の平側、手の甲側で「交互」にボールを打ち上げた後、１回転します。その後、同様の動きを繰り返し、５回連続で行います。

▶ １人テニピン遊びと
２人テニピン遊び

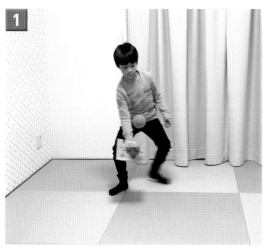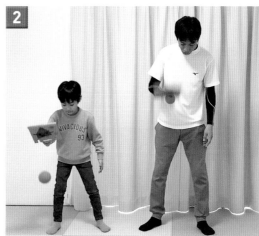

１人テニピン遊び

### ③2人テニピン遊び

**【コロコロゲーム】**

　地面でコロコロとボールを転がし、10回続けます。

**【表裏ゲーム】**

　「おもて」と言われたら表で打つ、「うら」と言われたら裏で打ちます。相手から言われたとおりに打てなかった場合、相手が勝ちとなることを基本のルールとして、コロコロゲームと同様の行い方で、表裏対決をします。

**【キャッチ＆ラリー】**

　相手から送られてきたボールを1バウンドさせてキャッチします。そのボールを手元でバウンドさせて、相手に送り返すことを10回連続で行います。

**【10回ラリー】**

　相手から送られてきたボールを1バウンドさせて直接返球することを10回連続で行います。

**【しりとりラリー】**

　10回連続ラリーにしりとりを加えたゲームです。言葉を考える際は、手元でバウンドさせながら考えてもよいことにします。

### ④テニピンゲーム

2人テニピン遊び

　家の部屋の中に小さいコートをつくり、テニピンのルールでゲームを行います。

　これらの動画を松岡修造氏に見せたところ、好意的に受け入れていただき、松岡修造氏の公式Webサイト「修造チャレンジ」に掲載されることになりました。

▶テニピンゲーム

松岡修造氏の公式Webサイトによる「おうちでテニピン遊び」の紹介

## 3　オンライン授業の取組―Teams（Microsoft社）活用―

その後、「修造チャレンジ」に掲載された動画のリンクを日本テニス協会、東京学芸大学、そして本校のそれぞれのWebサイトに貼り、全校児童にTeams上でリンクを紹介し、「おうちでテニピン遊び」を提供しました。

筆者の学級では、子どもたちが制作した段ボールラケットや「おうちでテニピン遊び」を行った感想をTeams上に投稿するように促した結果、毎日、個性溢れるオリジナル段ボールラケットや「おうちでテニピン遊び」の感想が投稿されました。子どもたち同士がつながりを感じる機会になり、学級経営上においても効果的でした。コメントには、「お兄ちゃんと一緒にラケットをつくって、毎日、テニピンで対決しています！」「角のないラケットをつくりました。体育館でこのラケットを使い、ボールを打ってみたいです」「魚型のラケットをつくりました。家族のみんなで楽しんでいます」「はやく学校でテニピンをやりたいです！」など、「テニピン」を通して、家族の方と交流したり、学校再開後の体育授業への関心・意欲の高まりを見せたりする姿がオンライン上から想像することができました。

Teamsの段ボールラケットの投稿

# 新しい小学校学習指導要領との関連

## 1 ボールゲームの分類論におけるテニス型ゲームの位置付け

　2008年の解説（文部科学省、2008）における中学年のゲーム領域及び、高学年のボール運動領域では、ゴール型、ネット型、ベースボール型という3つの型が示されました。この改訂に伴い、新たな種目が例示され、それを契機にタグラグビー、セストボール、プレルボール、ソフトバレーボール、ティーボールなど多種多様なボールゲームが取り上げられるようになりました。

　一方で、高橋（1993）の集団球技の分類を基に考えると、攻守分離系（ネット型）のテニスやバドミントン、卓球といった攻守一体型のゲームのみが例示されず、実践は広がっていません。また、小学校学習指導要領における例示種目の変遷を辿ってみても、「学習指導要領小学校　体育編（試案）」（文部省、1949）において、第5・6学年の教材例として「フリーテニス」の記載はありましたが、種目名が示されているだけでどのようなゲームなのかは、詳述されていません。

| アーモンドら | 学習指導要領 | 高橋健夫 |
|---|---|---|
| 侵入型 | ゴール型 | シュートゲーム型 |
| | | 陣取りゲーム型 |
| ネット・壁型 | ネット型 | 攻守一体型 |
| | | 連係プレイ型 |
| 守備・走塁型 | ベースボール型 | |
| ターゲット型 | | |

　その理由として、①基本的に少人数でのゲームが想定されているため、十分なコートの数が確保できなければ、待機時間が拡大してしまい、個人の学習機会の側面から大きなマイナスであること、②用具操作の難しさ・安全性の心配、③ミスした子が明らかになってしまうという攻守一体型の難しさがあることなどが挙げられ、そのためテニスのような攻守一体ネット型ゲームが小学校学習指導要領で取り上げられてこなかったと推察されます。

　このような状況の中ではありましたが、筆者は、ミニコートや簡易ネットで多くの場をつくり、運動量を保障したり、子どもの実態に応じた易しいルールを工夫したりするなどして、2003年から、テニス型ゲーム（テニピン）の学習価値を提案してきました。

　そして、これまでの小学校学習指導要領で取り上げられてこなかったテニス型ゲームが、2017年に改訂された解説（文部科学省、2017）において、中学年のゲーム領域で「バドミントンやテニスを基にした易しいゲーム」が、高学年のボール運動領域で「バドミントンやテニスを基にした簡易化されたゲーム」が示されたのです。

## 2 ネット型ゲーム比較

> **2008年改訂　ネット型（ゲーム）の例示**
> 〈中学年例示〉・ソフトバレーボールを基にした易しいゲーム
> 　　　　　　・プレルボールを基にした易しいゲーム
> 〈高学年例示〉・ソフトバレーボール
> 　　　　　　・プレルボール

> **2017年改訂　ネット型（ゲーム）の例示**
> 〈中学年例示〉・ソフトバレーボールを基にした易しいゲーム
> 　　　　　　・プレルボールを基にした易しいゲーム
> 　　　　　　・<u>バドミントンやテニスを基にした易しいゲーム</u>
> 　　　　　　・天大中小など、子供の遊びを基にした易しいゲーム
> 〈高学年例示〉・ソフトバレーボールやプレルボールを基にした簡易化されたゲーム
> 　　　　　　・<u>バドミントンやテニスを基にした簡易化されたゲーム</u>

このように新学習指導要領における、大きな変化の1つとして、「バドミントンやテニスを基にした（簡易化された）ゲーム」の例示が挙げられます。

ところで、「バドミントンやテニスを基にした（簡易化された）ゲーム」と言われても、具体的に何をしたらよいのか、といった現場の先生方からの声があります。結果、何をしたらよいのか分からないから、「やらない・やれない」現状にあります。

そこで、「バドミントンやテニスを基にした（簡易化された）ゲーム」として

日本テニス協会では筆者が開発したテニス型ゲーム「テニピン」を推奨しています。

〈参考・引用文献〉
・リンダ・L・グリフィン他　高橋健夫・岡出美則［監訳］（1999）『ボール運動の指導プログラム－楽しい戦術学習の進め方』．大修館書店．p.8.
・文部省（1949）「学習指導要領小学校体育編（試案）」．大日本図書株式会社．p.84.
・高橋健夫（1993）「これからの体育授業と教材研究のあり方」．大修館書店．体育科教育41（4）．pp.19-21.

# ネット型ゲームの「面白さ」
## ー「テニピン」と「ソフトバレーボール」は何が違う?運動の特性の違いを把握するー

### 1 ネット型ゲームとは?

ゲーム・ボール運動領域では、「ゴール型」「ネット型」「ベースボール型」の3つの型が示されています。これまでの「ネット型」の例示種目には、「ソフトバレーボール」「プレルボール」が示されていました。そして2017年の改訂で新たに「バドミントンやテニスを基にした易しい（簡易化された）ゲーム」が例示されました。

一括りで「ネット型」とは言っても、「テニス型」と「バレーボール型」では運動の面白さが異なります。面白さの違いに着目することは、よりよい授業づくりに留まらず、カリキュラムづくりの視点にもなります。

### 2 連携型と攻守一体型の面白さの違いに着目する

ソフトバレーボールやプレルボールはネットを挟んだ自陣でボールをつなぎ組み立てて、相手コートに返球する「連携型」ゲームです。一方、バドミントンやテニスを基にした易しい（簡易化された）ゲームは、ネットを挟んで、相手から送られてきたボールを直接返球する、攻めと守りが一体となった「攻守一体型」ゲームです。このように同じ「ネット型」でも、ゲームの面白さの違いを理解することが授業づくりのスタートとなります。

### 3 ソフトバレーボールの面白さを知る

ソフトバレーボール特有の面白さは何でしょうか。ラリーを続けることでしょうか、それともアタックを打つことでしょうか。これらは面白さを味わううえで必要な技能、もしくは要素で、特有の面白さとは言えません。このように、その運動がもつ特有の面白さを理解せずに、ゲーム・ボール運動領域の授業づくりをしている授業者は少なくありません。

筆者はソフトバレーボール特有の面白さを「自陣コート内では相手に邪魔されないという特徴を利用しながら攻撃を組み立てて、相手コートに返せないようなボールを手で打って相手コートへ送り、相手がそれを返せないときに得点になるという形で勝敗を競い合うところに面白さがある」と整理しています。この面白さを追究できるように、授業づくりをしていくことで、ねらいや学習内容が明確になっていきます。

## 4　攻守一体型（テニス型）ゲーム「テニピン」を知る

　他方、攻守一体型ゲーム「テニピン」特有の面白さについて、筆者は、**「攻めと守りが一体となり、相手から送られてきたボールを直接返球して、相手がそれを返せないときに得点になるという形で勝敗を競い合うところに面白さがある」**と整理しています。

　その運動がもつ特有の面白さを知ることは、「何を学ぶのか」「どのように学ぶのか」の大切な視点となるので、授業づくりをするうえで必ず押さえておく必要があります。

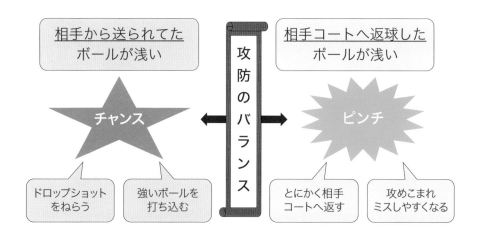

## 5　ルールの工夫は運動特有の面白さをベースに

　小学校体育において、既存のルールでゲームをするのではなく、すべての子どもたちが今もっている力でゲームができるように、ルールを工夫することが重要です。テニスというゲームは、「ラケットを持って広いコートで黄色く硬いボールをノーバウンドか1バウンドで打ち合うゲーム」と認識されていますが、こうした原型のルールでは子どもたちには難しく、楽しむことができません。

　そのため、みんなが楽しめるようにルールを工夫します。しかしながら、「ルールの工夫」は、子どもたちの視点に立つことは大切ですが、「子どもたちが楽しむことができれば、何でもよい」といったわけではありません。

　その運動がもつ特有の面白さをルールの工夫の視点にするのです。「テニピン」であれば、**「手を包み込むようなタイプのラケットを用い、直接返球する」**ことを視点にします。「何を学ぶのか」といった問いに、「その運動特有の面白さを学ぶ」と答えられるようになれば、毎時間の学習課題や学習内容が明確になります。

# 学びの転移を意識したボールゲームカリキュラムのつくり方

## 1 「戦術的視点」「技術的視点」をベースに

　1年生から6年生までのボールゲームのカリキュラムを考える際、何の種目を選択（スコープ）し、どのように配列（シークエンス）するのか、そこに明確な意図をもつことが必要です。

　「バスケットボールとサッカーは昔から実践しているから、外せない」「このスポーツはニュースポーツで流行っているからやってみよう」「タグラグビーは、5年生くらいでいいよね」といった安易な考えで、選択・配列をするのではなく、視点をもつことによって、1年生から6年生までのボールゲームにおいて学びが転移し、価値のあるカリキュラムとなります。

　その視点となるのは「戦術的側面」と「技術的側面」です。

## 2 カリキュラムづくりのポイントを整理する

　小学校体育では、6年間の間に多種多様な運動種目に触れさせ、生涯に渡ってスポーツに親しむ基盤をつくる役目があります。しかし、数あるボールゲーム種目から、何をどのように選ぶのかを考えることは難しい作業でもあります。そこで、「戦術的視点」をもとに、ボールゲーム種目を選択します。次ページの表にあるように、戦術的側面から、ゴール型はシュートゲーム型と陣取り型ゲームに、ネット型は連携型、攻守一体型に分類されます。このすべての型を6年間の中で経験することができれば、戦術的側面からのすべてのボールゲームの面白さを味わえることになります。

　本校のボールゲームのカリキュラムは、すべての型に対応しているため、多種多様な運動経験を保障することができます。

## 3 選択した種目を配列する視点をもつ

　すべての型に当てはまるようにボールゲーム種目を選択した後の作業として、どのように配列するかが重要になります。

　次ページの表のシュートゲーム型の配列には、明確な意図があります。高学年のバスケットボールにつなげるために、中学年で「360度どこからでもシュートが打てる」という特性をもったセストボールを選定します。空間認知がしやすいことに加

え、パスゲームという技術的な易しさもあります。そのセストボールよりも先にハンドボールを選定しています。ハンドボールは、「片手で操作しやすい」「シュート空間が広くシュートを打ちやすい」といった技術的側面の易しさがあるため、セストボールよりも先の配列を

すすめます。

　このように、「戦術的視点」に「技術的視点」を加えて配列することによって、学びが転移していきます。

| 学習指導要領 | 高橋健夫ら分類 | 1年 | 2年 | 3年 | 4年 | 5年 | 6年 |
|---|---|---|---|---|---|---|---|
| ゴール型 | シュートゲーム型 | 的当てゲーム<br>ドッジボール<br>ボール蹴りゲーム | キックベース<br>シュートボール<br>キックシュート | ハンドボール | セストボール | バスケット<br>ボール | バスケット<br>ボール |
| | 陣取りゲーム型 | 鬼遊び | 鬼遊び | タグラグビー | タグラグビー | | |
| ネット型 | 連携型 | ボンバー<br>ゲーム<br>（テニピン） | | | | ソフトバレ<br>ーボール | ソフトバレ<br>ーボール |
| | 攻守一体型 | | | | テニピン | ラケットテニピン | |
| ベースボール型ゲーム | | | | ラケットベ<br>ースボール | | ベースボー<br>ル型ゲーム | |

ボールゲームカリキュラム（東京学芸大学附属小金井小学校）

## 4　ネット型ゲームの種目選定と配列

　ネット型ゲームは「連携型」と「攻守一体型」に分類されるのは先に述べたとおりです。本校では、ネット型ゲームの入り口として「ボンバーゲーム」（p.66参照）を取り上げています。

　多くの学校では、低学年の「ゲーム」領域の中で、「ネット型」を意識したゲームを取り上げていない現状があります。しかし、多様な動きづくりや基礎的運動感覚を

養ううえで重要な低学年期に、「投げる」「捕る」「蹴る」といった力だけではなく、「身体接触せずに、ネットを挟んだ向こう側の空間を認知する力」や、「ボールの落下点を予測して、移動し、返球する力」を養うことは、多様な動きづくりにおいて、極めて重要だという考えのもと、低学年に、こうした力を養える「ボンバーゲーム」を配列しています。

　令和2年度はコロナ禍の状況に鑑み、本校では全学年で「テニピン」に取り組みました。低学年においてはテニピン遊び（p.26〜29）を中心に、コロコロゲーム（p.38）やキャッチ＆スロー（p.39）、キャッチ＆ショットを（p.40）をメインゲームとして授業を行いました。

　個が輝く子どもたちの嬉々とする姿が見られ、「テニピン」を簡易化したゲームを低学年に位置付けることの有効性が明らかになりました。

　「ボンバーゲーム」や「テニピン」を簡易化したゲームで身に付いた力が、中学年以降の「テニピン」や「ソフトバレーボール」といった「ネット型」全般への学びに転移していくのです。

# withコロナ時代のボールゲームとして注目を集める テニス型授業「テニピン」の新たな取組

公益財団法人日本テニス協会では、テニス競技の普及促進のために、誰でも気軽に楽しめるテニス型ゲーム「テニピン」の普及に努めています。特に現在のコロナ禍にあって「テニピン」は身体的接触が少なく、ソーシャルディスタンスが確保できるという利点があり、学校関係者から大きな注目を集めています。2020年度より4カ年計画で行う「テニピン」に係る活動が、「スポーツ庁委託事業」における日本テニス協会の戦略的普及活動の1つとして採択されたことを受け、全国の小学校を対象にした新たな2つの取組を始めました。

**授業づくりに役立つ教諭向けオンラインセミナーを開催**

コロナ禍において「身体的接触を避ける」「ソーシャルディスタンスを保つ」など体育の授業でできることが限られている中、「テニピン」はコロナ対策を講じながら全員が輝やく授業を実現します。今だからこそ体育の授業で「テニピン」を実施する価値があります。授業方法や指導法を中心にオンラインセミナーを開催します。

詳細は「テニピン特設ページ」をご参照ください。

**テニピンラケット&ボール（各40個）を限定50校に無償提供**

・以下の2つの条件のうちいずれかに該当する学校がお申し込みいただけます。

〈条件１〉

・すでに「テニピン」を体育の授業として実施（体育科年間指導計画を提出）

・次年度も「テニピン」を体育の授業として実施予定（体育科年間指導計画書を提出）

・学校名を日本テニス協会のホームページに掲載することを許可

〈条件２〉

・本年度「テニピン」の体験授業を実施済み、または実施予定

・次年度に「テニピン」を体育の授業として実施予定（体育科年間指導計画書を提出）

・学校名及び簡易レポートを日本テニス協会のホームページに掲載することを許可

※上記1・2の詳細情報ならびにお申し込みにつきましては、日本テニス協会HP内の特設ページをご覧ください。

**【テニピン 特設ページ】**
URL:https://www.jta-tennis.or.jp/teniping/tabid/738/Default.aspx

※特設ページは公開期限終了となる場合があります。その際は テニピン　日本テニス協会 で検索してください。

第 3 章

# 一人一人の子どもを輝かせる！指導のポイント

# ① コロコロゲーム

**対象** 低学年

## 準備物

コーン・バー、ラケット（ハンドラケット、段ボールラケット）、ボール（スポンジボールもしくはゴムボール）

## チーム編成

1チーム3〜4人、偶数チームで編成します。

## ゲームの仕方及び基本的なルール

❶ゲームの時間は前半3分、後半3分で行います。

❷ゲームはダブルスで行い、合計得点で競います。4回ラリーをして、その後の5球目以降からの攻撃で得点が認められるため、1得点が入る中で全員がボールに触れることができます。

❸4回ラリー中は得点が認められないため、ラリーに失敗した場合、失敗した人からラリーを再開します（例：3人目でラリーが途切れた場合、3人目（3球目）から再開します）。

❹ペアで交互に打たなくてはいけないため、すべての子どもが平等にボールに触れる機会が保障されています。

❺ボールを転がしてラリーをします。

❻自分たちが打ったボールが、下の図の太線を通過した場合、もしくは、相手がボールを弾いたり、返ってきたボールが太線ライン以外を通過したりした場合、得点となります。

❼サーブは、相手が打ちやすい場所に転がします。「自分チーム→相手チーム」と交互に全員が平等に打てるようにします。

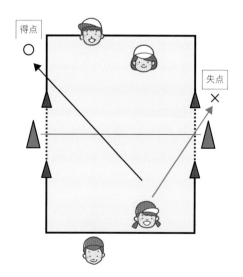

# ② キャッチ&スロー

対象 低学年

## 準備物

ネット（コーン・バー、ハードルで代替可）、ボール（スポンジボール）

## チーム編成

１チーム３～４人、偶数チームで編成します。

## ゲームの仕方及び基本的なルール

❶ゲームの時間は前半３分、後半３分で行います。

❷ハンドラケットはもたずに、素手でプレーをします。

❸下手でボールを放り（写真①）、ワンバウンドでキャッチします（写真②）。そのラリーを交互に繰り返します。

❹ゲームはダブルスで行い、合計得点で競います。４回ラリーをして、その後の５球目以降からの攻撃で得点が認められるため、１得点が入る中で全員がボールに触れることができます。

❺ペアで交互に投げなくてはいけないため、すべての子どもが平等にボールに触れる機会が保障されています。

❻２バウンドしたり、キャッチできなかったりした場合、相手の得点とします。

❼４回のラリー中は得点が認められないため、ラリーに失敗した場合は、失敗した人からラリーを再開します（例：３人目でラリーが途切れた場合、３人目（３球目）からラリーを再開します）。

❽サーブは、相手が打ちやすい場所に投げ入れ、「自分チーム→相手チーム」と交互に全員が平等に打てるようにします。

下手で投げる

キャッチ

# ③ キャッチ&ショット

**対象** 低学年・中学年

## 準備物

ネット（コーン・バー、ハードルで代替可）、ラケット（ハンドラケット、段ボールラケット）、ボール（スポンジボール）

## チーム編成

1チーム3～4人、偶数チームで編成します。

## ゲームの仕方及び基本的なルール

❶ゲームの時間は前半3分、後半3分で行います。

❷ねらったところに打ったり、組み立てを意識したりしてゲームをします。

❸相手から送られてきたボールを一度キャッチして（写真①）、ワンバウンドさせてから打って返球します（写真②）。そのラリーを交互に繰り返します。

❹ゲームはダブルスで行い、合計得点で競います。4回ラリーをして、その後の5球目以降からの攻撃で得点が認められるため、1得点が入る中で全員がボールに触れることができます。

❺ペアで交互に打たなくてはいけないため、すべての子どもが平等にボールに触れる機会が保障されています。

❻「2バウンドまではOK」とし、3バウンドしたり、キャッチできなかったりした場合、相手の得点となります。「ノーバウンドでのキャッチはなし」とします。

❼4回のラリー中は得点が認められないため、ラリーに失敗した場合は、失敗した人からラリーを再開します（例：3人目でラリーが途切れた場合、3人目（3球目）からラリーを再開します）。

❽サーブは、ワンバウンドさせてから、相手が打ちやすい場所へ送り出します。「自分チーム→相手チーム」と交互に全員が平等に打てるようにします。

# ❹ テニピン

**対象** 中学年・高学年　★メインゲーム

## 準備物

ネット（コーン・バー、ハードルで代替可）、ラケット（ハンドラケット、段ボールラケット）、ボール（スポンジボール）

## チーム編成

1チーム3〜4人、偶数チームで編成します。

## ゲームの仕方及び基本的なルール

❶ゲームの時間は前半3分、後半3分で行います。

❷相手から送られてきたボールを直接返球して、相手コートに返球します。

❸ゲームはダブルスで行い、合計得点で競います。4回ラリーをして、その後の5球目以降からの攻撃で得点が認められるため、1得点が入る中で全員がボールに触れることができます。

❹ペアで交互に打たなくてはいけないため、すべての子どもが平等にボールに触れる機会が保障されています。

❺「2バウンドまでOK」とし、3バウンドしたら、相手の得点となります。

❻「ノーバウンド返球はなし」とします。

❼4回のラリー中は得点が認められないため、ラリーに失敗した場合は、失敗した人からラリーを再開します（例：3人目でラリーが途切れた場合、3人目（3球目）からラリーを再開します）。

❽サーブは、1バウンドさせてから、相手が打ちやすい場所へ送り出します。「自分チーム→相手チーム」と交互に全員が平等に打てるようにします。

# 5 ラケットテニピン

## 準備物

ネット（コーン・バー、ハードルで代替
可）、ラケット（柄の付いたミニラケッ
ト）、ボール（スポンジボール）

## チーム編成

1チーム3〜4人、偶数チームで編成しま
す。

## ゲームの仕方及び基本的なルール

❶ゲームの時間は前半3分、後半3分で行います。

❷柄の付いたミニラケットを使用してゲームを行います。

❸相手から送られてきたボールを直接返球して、相手コートに返球します。

❹ゲームはダブルスで行い、合計得点で競います。4回ラリーをして、その後の5球目以降
からの攻撃で得点が認められるため、1得点が入る中で全員がボールに触れることができ
ます。

❺ペアで交互に打たなくてはいけないため、すべての子どもが平等にボールに触れる機会が
保障されています。

❻「2バウンドまでOK」とし、3バウンドしたら、相手の得点となります。

❼「ノーバウンド返球はなし」とします。

❽4回のラリー中は得点が認められないた
め、ラリーに失敗した場合は、失敗した
人からラリーを再開します（例：3人目
でラリーが途切れた場合、3人目（3球
目）からラリーを再開します）。

❾サーブは、1バウンドさせてから、相手
が打ちやすい場所へ送り出します。「自
分チーム→相手チーム」と交互に全員が
平等に打てるようにします。

# ボールと用具に慣れよう
## ―ウォーミングアップ―

**STEP1** ボールつき

10回ボールをつきます。

**STEP2** 10回ボール打ち上げ

手の平側で、ボールを打ち上げ、地面について弾んできたボールを再度打ち上げます。この動きを10回続けます。

続いて、手の甲側でも同様に行います。

**STEP3** 表裏10回打ち上げ

手の平側・手の甲側で交互にボールを打ち上げ、10回連続で行います。

**STEP4** 表、裏、1回転

手の平側、手の甲側で交互にボールを打ち上げた後、1回転します。その後、同様の動きを繰り返し、5回連続で行います。

**STEP5** またぬき

ボールをつきながら、片足ずつ振り上げ、ボールを股下から通します。

## コロコロラリー

❶ペアでボールを転がし合って、ラリーを続けます（30回）。

❷ペアで「表・裏」と言い合い、その言われた面で打ち合う対戦をします。言われた面で打てなかった場合、相手の得点とします。

表！

表面で打つ

裏面で打つ

裏！

❶自分で1バウンドさせたボールを打ち出します。

❷もう一方は自陣で1バウンド（または2バウンド）させて、キャッチします。

❸そのラリーを交互に繰り返します（30回）。

## ペアラリー

❶自分で1バウンドさせたボールを打ち出します。

❷もう一方は自陣で1バウンド（または2バウンド）させて、直接返球します。

❸そのラリーを交互に繰り返します（30回）。

# 技能や戦術能を高める課題別練習の工夫

　運動の特性を押さえ、子どもの個人差に着目しながら、子どもの主体性や必要感を大切にした授業づくりは、豊かなスポーツライフを目指していくうえでは欠かせません。

　教師が全員に共通の練習を課すのではなく、子どもが自己目的的に必要感をもって練習を選択し取り組むことこそ、生涯学習を見据えた体育の教育方法として求められています。

　こうした視点を大切に、課題別練習の場を設け、個々が必要感に応じて練習の場を主体的に選択できるように工夫しました。課題別練習は、毎時間10分間程度、確保できるとよいでしょう。

## 課題別練習の場の工夫

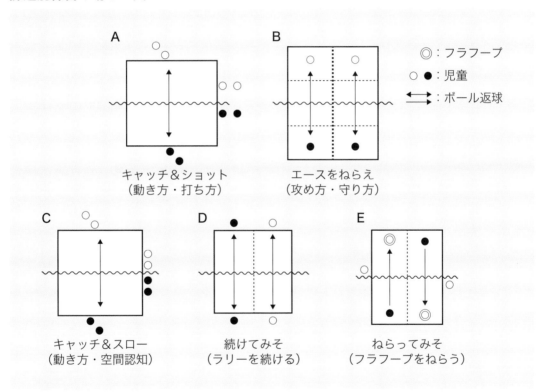

A　キャッチ＆ショット
（動き方・打ち方）

B　エースをねらえ
（攻め方・守り方）

◎：フラフープ
○ ●：児童
⟷：ボール返球

C　キャッチ＆スロー
（動き方・空間認知）

D　続けてみそ
（ラリーを続ける）

E　ねらってみそ
（フラフープをねらう）

　上図のような場をつくり、子どもたちの必要感に応じて、練習の場を選択させます。与えられた練習ではなく、個々が必要感をもって練習するので、技能や戦術能が効果的に高まっていきます。

　ここでは5つの場を示していますが、体育館で行う場合は3〜4つの場になると思います。そのような場合は臨機応変に、子どもたちの実態に応じて、必要な場を選択できるとよいでしょう。

# 課題別練習の内容

●課題別練習

## A「キャッチ＆ショット」

　前ページのAに示した「キャッチ＆ショット」は、ねらったところに打ったり、組み立てを意識したりして練習する場です。一度、捕球してから返球することで、意識したことを実現しやすくしました。ラリーを4回続けてから5球目以降を得点とするテニピンのゲーム形式で行わせます。

## B「エースをねらえ」

　Bに示した「エースをねらえ」は、1コートを縦に二等分し、1人対1人のテニピンのゲーム形式で行う場です。どのようにしたら得点できるかを考え、浅いボールや深いボールへの状況を判断しながらゲームを行わせます。

## C 「キャッチ＆スロー」

　Cに示した「キャッチ＆スロー」は、相手コートの空間を認知することを重視し、素手でボールを扱うことで、考えた攻め方を実現しやすくした場です。「下手でボールを投げ、1バウンドでキャッチすること」「2バウンドしたり、キャッチできなかったりした場合は、相手の得点とすること」を主なルールとし、それ以外はテニピンのゲーム形式で行わせます。

## D 「続けてみそ」

　Dに示した「続けてみそ」は、ラリーを続けることをねらった練習の場です。「3回失敗したら交代する」など、ローテーションしながら行わせます。

## E 「ねらってみそ」

　Eに示した「ねらってみそ」は、ねらったところにボールを打つ練習の場です。軽く下から投げてもらったボールを打ち、ネットの反対側に置かれたフラフープに入れることを目的とし、「3球打ったら交代する」など、ローテーションしながら行わせます。

A～Eの練習は共通して、「ボールの落下点を予測して移動し、バウンドにタイミングを合わせる力」「打点に入る力（自分、用具、ボールとの空間認知）」を高めることをねらった内容です。順序性としては、技能レベルでEの「ねらってみそ」、Dの「続けてみそ」、Bの「エースをねらえ」の順を、戦術能レベルでCの「キャッチ＆スロー」、Aの「キャッチ＆ショット」の順を子どもに示し、選択させるようにします。選択した練習が、子どもの実態に合っているのかどうかを、毎時間授業者が確認し、子どもと相談、修正しながら進めましょう。

## 課題別練習に対応した『めあて別グループ表』

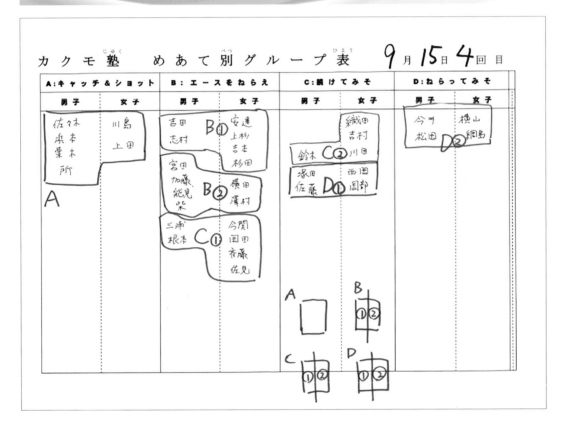

　上図のような「めあて別グループ表」を準備し、本時の学習が終わったら、教室の黒板に貼っておきます。その日の下校までに、次時のめあてを決め、そのめあてに応じた練習場所を選択させ、表に名前を記入させます。

　教師は、子どもが下校した後、この表と本時の学習感想と照らし合わせながら、個々のめあての把握に努めます。自分のめあてを明確にもてず、適切な練習場所が選択できていない場合があります。このような子どもには、翌日の朝、声をかけて、めあての確認と適切な練習場を一緒に考えていくとよいでしょう。

　また、特定の練習場所に、人数が多くなる場合があります。そのようなときは、人数の多い場を2つ以上つくるなどして、対応します。

## 1 子どもたちが考える「動き方・打ち方」

【つなげるとき】　【攻めるとき】

### POINT

【動き方】
・素早くボールの落下点を予測し、打ちやすい場所へ移動します。
・バウンドのリズムに「1・2（1・2・3）」と合わせます。

### POINT

【打ち方・用具操作】
・つなげるときは、手に平を上向きにしてやさしくポンと打ちます。
・攻めるときは、横に強く振り、腰を回転させて打ちます。

## 2 子どもたちが考える「攻め方・守り方」

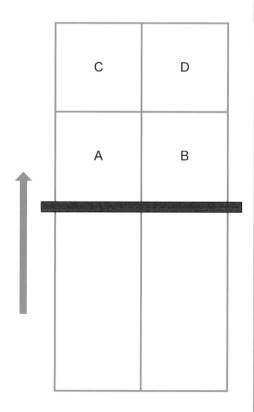

### POINT

【浅い・深いの状況判断】
　相手からボールが自陣コートの空間AやBに送られてた場合は「浅い」と判断し、強く返球したり、ねらって返球したりして攻撃します。
　一方、ボールが空間CやDに送られてきた場合は、「深い」と判断し、相手コートにどんなボールでもよいので、返球したり、高いボールで返球したりして守ります。

【前後左右の状況判断】
　空間BやDにボールを集め、BやDに相手2人がポジショニングしている状況を判断して、空いている空間AやCにボールを返球します。

【対角線の状況判断】
　思考力が深まると、対角線にボールを返球すると、長い距離を相手に走らせることができることに気付きます。空間D→AやB→Cといったボールの返球の仕方です。こうした気付きをどんどん広めていきましょう。

## テニピンを経験すると用具操作が上手くなる？！

### 1　用具操作は本当に難しいのか？

　小学校体育では、用具操作は難しいとされています。

　テニス型ゲームは柄の付いたラケットのような用具を操作することが難しいとされ、2017年に改訂された『小学校学習指導要領（平成29年告示）解説　体育編』において、「バドミントンやテニスを基にしたい易しい（簡易化された）ゲーム」が例示されるまで、取り上げられてきませんでした。

　しかし、本当に難しいのでしょうか？研究者や実践者の「難しい」という印象が先行していたのではないでしょうか。現に、小学校体育における「用具操作の難しさ」に関する学術研究はほとんど見られません。

### 2　研究内容

　上述したような問題意識のもと、実践研究を行いました。「ラケットテニピン」の学習を行った4年生の2クラスを対象に、単元を通しての変容を調査するため、1時間目と4時間目と8時間目のゲーム中における「4回返球成功率」の結果を分析し、比較検討することにしました。　4年1組の児童は3年生時に「テニピン」の学習を8時間単元で経験していますが、4年2組の児童は「テニピン」の学習経験はしていません。

　「4回返球成功率」とは、1時間分の4回返球にチャレンジした総数に対して、4回連続して返球することに成功した数が占める割合を示したものです。1時間分の4回返球にチャレンジした総数を分母とし、4回連続して返球することに成功した総数を分子として算出しました。

　4回返球成功率に着目した理由は、4回目まで続けて5球目以降を攻撃とするルールのため、4回目までラリーが継続されていることは、用具操作の技能が高まったという1つの指標になると考えたためです。

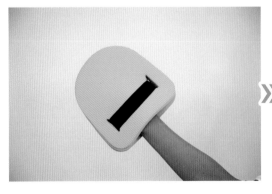

## 3　結果及び考察

　「テニピン」を経験した子どもたちは、柄の付いたラケットでボールを返球することが容易になり、ゲームを楽しむことができるというエビデンスを示すことができました。

| 【第1時の成功率】 | 【第4時の成功率】 | 【第8時の成功率】 |
|---|---|---|
| 1組（経験有）<br>返球率　37.7%<br><br>2組（経験無）<br>返球率　15.5% | 1組（経験有）<br>返球率　62.6%<br><br>2組（経験無）<br>返球率　20.7% | 1組（経験有）<br>返球率　75.7%<br><br>2組（経験無）<br>返球率　28.8% |

　この結果から、小学校体育で、はじめから用具を持たせてゲームを行うことは、難しいことが示唆されました。しかしながら、「テニピン」のようなゲームを経験していれば、小学校段階において用具操作を伴うテニス型ゲームを実施できる可能性も同時に示されました。また、下記の①〜④の技術を段階的に指導することが重要であることも明らかになりました。

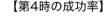

**POINT**

| ①ボールの落下点を予測して移動し、バウンドにタイミングを合わせる力<br>②打点に入る力（自分、用具、ボールとの空間認知）<br>③相手から送られてきたボールを返球する力<br>④ラケットを操作する力 | ①〜③の力を「テニピン」で高める |
|---|---|

## 4　日本をテニスの国に！

　上述の研究データを松岡修造さんに示した際、松岡修造さんは、「テニピン」がもつポテンシャルに魅力を感じてくださいました。そして、現在は、「テニピン」の普及活動に協力、応援してくださっています。

　「テニピン」が小学校体育に広がり、多くの学校で採用されれば、「テニピン」の面白さ、すなわちテニスの面白さに触れることにつながります。「テニピン」の面

白さに触れた子は、その後の人生において、テニスというスポーツと関わり、豊かなスポーツライフを育むことができると予測されます。こうした流れを構築できれば、テニス人口の拡大に留まらず、第2の錦織圭選手や大坂なおみ選手の輩出も夢ではありません。

　現に、日本テニス協会内では、「テニピン」が普及のみならず、育成や強化にも活用できるのではないかといった議論もなされています。手だけではボールが飛ばず、体全体で打たなくてはいけないことからコーディネーション能力の育成や、手で打つ感覚から操作が容易になるため、戦術面の組み立てに効果的な影響を及ぼすことができるのではないかということが考えられます。

　テニピンを通して、「日本をテニスの国に！」このスローガンのもと、日本テニス協会が一丸となって取り組んでいます。

## 1　前半4時間の授業の流れ

### 1時間目～4時間目

　1時間目は、子どもたちが実際に「テニピン」をプレイするはじめての時間です。

　事前に日本テニス協会公式YouTubeチャンネルに掲載されている「テニピン」の授業動画（下記QRコード）をみんなで視聴し、ゲームのイメージをつかんでおくとよいでしょう。

　主なルールを確認した後、準備運動（p.43、44の「コロコロラリー」「キャッチ＆ラリー」「ペアラリー」など）をしたら、さっそくゲームをやってみましょう。

　初めてのゲームですので、相手から送られてきたボールを相手コートに返球する面白さを味わい、今もっている力でゲームを楽しみましょう。

　授業のまとめとして、ゲームをしてみて困ったことや分からなかったことなどをみんなで発表し合い、ルールの確認をします。

**日本テニス協会公式YouTube
チャンネルでテニピンの授業動画を
チェック！**

https://www.youtube.com/watch?w=EMyH--THPrA

　2時間目以降は、準備運動を行った後、自分のめあてに応じた場で練習を行うようにします。ゲームを通して、個人の課題が明らかになれば、必要感をもって練習に取り組むことができます。

　p.45～47の課題別練習を提示し、子どもたちが選択して取り組めるように練習の場をつくるようにしましょう。

　その後、ゲームを行います。ゲームを行い、上手くいったことや上手くいかなかったことをチームの仲間と共有し、話し合いながら問題を解決できるように「チームの時間」を設定します。チームで打ち方を中心にアドバイスしながら練習するように促します。

　チームの仲間からもらったアドバイスを生かしながら、2回目のゲームを行い、個人の課題について考えていけるとよいでしょう。

　最後に振り返りを行い、上手く返せたことや上手く返せ

なかったことについて、全体で共有し、相手コートに返球するために必要なポイントを整理していきましょう。

## 2　後半４時間の授業の流れ
### ５時間目〜８時間目

　５時間目からは、８チーム総当たりのリーグ戦を行います。

　チームで攻め方や守り方を工夫することで、「テニピン」のゲームをより深く楽しんでみましょう。

　準備運動を行った後、自分のめあてに応じた練習を行うようにします。その後、チームの作戦に応じた練習に取り組みます。チームの作戦といっても、はじめは子どもたちの中からなかなか出てこないので、授業の最初に、これまでの子どもたちの動きを挙げながら、教師側からいくつか紹介したり、学習資料として提示したりしてもよいと思います。練習内容は、はじめは課題別練習（p.46、47参照）から選択させ、チームの課題が明確になってくれば、自ずと練習内容をアレンジするようになるでしょう。

　１時間の流れは、「準備運動→個人のめあて別練習→チームの作戦に応じた練習→ゲーム１→簡単な振り返り→ゲーム２→振り返り（チーム・全体・個人）」という流れになります。

　振り返りの時間は、「状況判断」や「打ち方」に絞って話し合っていくと学びが拡散せず、次時に生かせる有意義な時間になります。

第3章　一人一人の子どもを輝かせる！　指導のポイント

# 「TOKYO応援宣言 松岡修造の2020みんなできる宣言」
## （テレビ朝日 サンデーLIVE!!内）に出演

　8月下旬に、テレビ朝日のディレクターの方から学校に1本の電話がありました。「テレビ朝日のTOKYO応援宣言!!という松岡修造さんが出演されている番組で私が開発したテニピンについて取り上げたい」という内容でした。

　ディレクターの方は、もともと、修造さんと私の関係性を全く知らない中で、テニピンの授業実践が、一面で掲載された「日本教育新聞」を見て、修造さんに「テニピンを知っていますか？」と相談されたそうです。テニピンの取組が広まっていく中で、いろいろなつながりが生まれることを実感しました。

　番組放送後、ディレクターの方から、メールが届きました。「テニピンがYahoo!のトレンドランキング9位に入っています！」という内容でした。さっそく、見てみると、多くの方がツイッターでテニピンのよさについてつぶやいてくれていました。特にうれしかったのは、

　「テニピンいいね。こういう授業がたくさんあったら楽しかっただろうな。体育嫌いがなくなるね」といった内容でした。

　テニピンは「個が輝ける！」ことを番組でも伝えたかったので、視聴者にこの思いが伝わったことを、とてもうれしく感じました。何よりも、私のテニピンへの思いを番組内で反映してくださった松岡修造さんやテレビ番組制作に関わる皆さんに心から感謝しています。

〈番組告知〉

　小学校で採用されはじめている新スポーツ、その名も「テニピン」。テニスと卓球（ピンポン）を組み合わせ、独自の道具やルールを用いることで学校教育の現場では難しいとされていたテニスを、誰でも・安全に・楽しくできる方法を考案した今井茂樹先生。錦織圭やフェデラーも普及活動に参加し注目されています!!

—番組概要—

〈放送番組・日時〉

●2020年10月11日（日）6時半〜7時頃のうち7分程度

●テレビ朝日『TOKYO応援宣言』（サンデーLiVE!!内）毎週日曜朝5：50〜8：30

〈コーナーのコンセプト〉

TOKYO2020オリンピック・パラリンピックに向けて頑張る人たちの目標を「できる宣言」と題し、松岡修造が応援するコーナー。

★下記URLから番組を視聴できます。
https://youtu.be/tDnMqkIdUP8

※番組側の都合により、動画公開期限が終了となり、視聴できなくなる可能性があります。

# 個が輝く！
# 「テニピン」の授業づくり

# 低学年の授業づくり

## 1 単元目標

○打点に入る感覚や用具で返球する力を身に付けることができる。　　　　　（知識及び技能）

○自分やチームの課題を見つけ、解決に向けて工夫することができる。

（思考力、判断力、表現力等）

○友達と協力しながら、進んで準備・片付けをしたり、運動に取り組んだりすることができる。

（学びに向かう力、人間性等）

## 2 単元計画（全8時間）

| 時 | ねらい | 主な学習活動 |
|---|---|---|
| 1・2 | 【コロコロゲーム】<br>・コロコロゲームでボールを返す | 【オリエンテーション】<br>①ボールに慣れる<br>②チームをつくる<br>③試しのゲームをする |
| 3・4 | 【キャッチ＆スローゲーム】<br>・キャッチ＆スローで打点に入る<br>・テニピンのルールを知る | ①学習の準備<br>②コロコロゲームでウォーミングアップ<br>③学習のポイントの確認（キャッチ＆スローの紹介）<br>④ゲーム1（前後半3分）<br>⑤チームの時間<br>⑥ゲーム2（前後半3分）<br>⑦振り返り |
| 5・6 | 【キャッチ＆ショットゲーム】<br>・キャッチ＆ショットを通して用具で返球する | ①学習の準備<br>②コロコロゲームでウォーミングアップ<br>③学習のポイントの確認（キャッチ＆ショットの紹介）<br>④ゲーム1（前後半3分）<br>⑤チームの時間<br>⑥ゲーム2（前後半3分）<br>⑦振り返り |
| 7・8 | 【テニピンゲーム<br>（キャッチor直接）】<br>・相手から送られてきたボールをキャッチしてから返球、もしくは直接返球する | ①学習の準備<br>②キャッチ＆ショットでウォーミングアップ<br>③学習のポイントの確認（選択テニピンの紹介）<br>④ゲーム1（前後半3分）<br>⑤チームの時間<br>⑥ゲーム2（前後半3分）<br>⑦振り返り |

学習カードは
このQRコード
からダウンロード！

**低学年　学習カード**

# テニピンのがくしゅうを
# ふりかえって

ねん　　くみ　　なまえ

※じぶんのよかったこと、できるようになったこと
※みんながたのしむためにはどうしたらいいかな？
　（さくせんやルールについて）
　　　　　　　　　　　　をしたにかきましょう

① 今日は（　　　　　　　　　　　　　　　　　　　）をがんばるぞ！

　　／　（　　　）

② 今日は（　　　　　　　　　　　　　　　　　　　）をがんばるぞ！

　　／　（　　　）

③ 今日は（　　　　　　　　　　　　　　　　　　　）をがんばるぞ！

　　／　（　　　）

④ 今日は（　　　　　　　　　　　　　　　　　　　）をがんばるぞ！

　　／　（　　　）

## テニスってどんなスポーツ？

テニスの面白さはどこにあるのかを考えさせましょう。

## 学習課題の確認

打点に入る感覚を養わせましょう。

素早く動いて、しっかり構えてから打つと打ちやすいぞ。

### 導　入

●オリエンテーションを行う。
・テニスのゲームを視聴し、テニスの面白さを知る。
・よいプレーのイメージをもつ。

●学習の準備をする。

●コロコロゲームのルールを知る。
　→p.38参照

▶ 教師の言葉かけ

・映像の中で、どんなプレーが心に残りましたか？
・どんなところが楽しいと思いましたか？

### 展開①

●学習の課題を確認する。
・素早く、ボールの位置に体を動かそう。
・どこへボールを転がしたら得点になるかを考えよう。

●ペアでコロコロラリーをする。
（ウォーミングアップ）
・打点に入る感覚とラケットにボールを当てて返球する感覚を養う。

▶ 教師の言葉かけ

・ボールの転がる方向に素早く移動し、打ちやすいところで止まって、その後に打つようにするといいよ。

| コロコロゲーム | 振り返り |
|---|---|

どこに打つと得点できるかについて考えさ
せましょう。

友達のよい動きを積極的に広めていきまし
ょう。

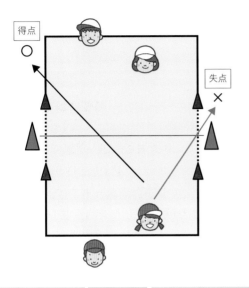

Aさんは人のいないところに上手に打
つことができていたね！

| 展開② ＞ | 終　末 ＞ |
|---|---|

〈コロコロゲーム〉

●ゲーム１をする。

・前後半３分のゲームをする。

●チーム練習をする。

・ゲーム１でよかった友達の動きをチーム
　で話し合い、よい動きを意識して練習す
　る。

●ゲーム２をする。

・前後半３分のゲームをする。

●チームで振り返る。

・友達のよかった動きについて、話し合い、
　次の時間にがんばりたいことをまとめる。

●クラス全体で振り返る。

・展開①の「学習課題」について全体で振
　り返り、よかった動きや作戦について共
　有する。

・次の時間に行う発展したゲーム（キャッ
　チ＆スローゲーム）を紹介する。

📢教師の言葉かけ

・よい動きを称賛して、周りの子に広
　めていく。

・教師は、練習の様子を見回り、より
　よい練習方法をアドバイスする。

評価のポイント

・ボールの転がる方向に素早く移動し
　ている。

・打点に入って、返球している。

・ねらった場所に打っている。

### キャッチ＆スローゲーム（ハンドラケットは使用しない）

キャッチ＆スローゲームを通して、テニピンのルールを確認しましょう。また、どこにボールを送れば得点できるかについて考えさせましょう。

前のほうに人がいないから、そこにボールを投げ入れよう。

ボールを取り損なわないように、素早く移動してしっかり止まってからキャッチしよう。

下手で投げる

キャッチ

下手でボールを放り（**1**）、ワンバウンドでキャッチします（**2**）。そのラリーを交互に繰り返します。慣れてきたら２人対２人のゲーム形式（テニピンルール）で行います。２バウンドしたり、キャッチできなっかたりした場合、相手の得点とします。

| 導　入 | 展開① |
|---|---|

●学習の準備をする。

●キャッチ＆スローゲームを知る。
　→p.39参照

●キャッチ＆スローゲームを通して、テニピンのルールを確認する。

●学習課題を確認する。
　・素早く打点に入り、ボールをキャッチできるようにしよう。
　・キャッチした後、相手のどこにボールを返球したら得点できるかを考えよう。

●ペアでコロコロラリーをする。
　※ハンドラケット使用
　・打点に入る感覚とラケットにボールを当てて返球する力を養う。
　・10回連続を目標にする。

●ペアでキャッチ＆スローラリーをする。
　・相手から送られてきたボールをワンバウンドしてキャッチし、素早く相手の取りやすいところへ下手でバウンドさせて返球する力を養う。
　・20回連続を目標にする。

**📣教師の言葉かけ**

・キャッチ＆スローゲームでテニピンのルールをしっかり覚えましょう。
・どこにボールを投げ入れると得点できそうかな？

| ゲーム | 振り返り |
|---|---|

空いている空間を見つけられるように図面を示しましょう。

**素早く打点に入ろう。**

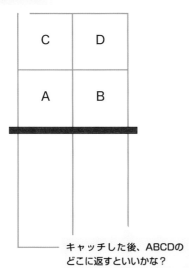

キャッチした後、ABCDのどこに返すといいかな？

友達のよい動きを積極的に広めていきましょう。

打点に入る感覚は、ネット型ゲームで養いたい大切な感覚です。

展開②

**〈キャッチ＆スローゲーム〉**
- ●ゲーム１をする。
- ・前後半３分のゲームをする。

- ●チーム練習をする。

- ●ゲーム２をする。
- ・前後半３分のゲームをする。

**教師の言葉かけ**

- ・よい動きを称賛して、周りの子に広めていく。
- ・ゲーム１でよかった友達の動きをチームで話し合い、よい動きを意識して練習するように促す。
- ・どこをねらって返すとよいかを考えるように促す。
- ・教師は、練習の様子を見回り、よりよい練習方法をアドバイスする。

終 末

- ●チームで振り返る。
- ・友達のよかった動きや相手コートのどこをねらって返すとよいかについて、話し合い、次の時間にがんばりたいことをまとめる。

- ●クラス全体で振り返る。
- ・展開①の「学習課題」について全体で振り返り、よかった動きや作戦について共有する。
- ・次の時間に行う発展したゲーム（キャッチ＆ショット）を紹介する。

**評価のポイント**

- ・ボールが飛んでくる方向に素早く体を移動している。
- ・打点に入って止まってキャッチしている。
- ・ねらった場所に投げ入れている。

第4章　個が輝く！「テニピン」の授業づくり

61

## キャッチ＆ショットゲーム

ハンドラケットを使って打つコツに視点を当てて、授業づくりをしましょう。

ラケットを使って打つのは楽しいな！

## 学習課題の確認

打つコツについて考えさせましょう。

打つコツは、
①ひざの前で打つ
②下から上にふんわり（つなげる）
③横から横へ（強く）

### 導入

●学習の準備をする。

●キャッチ＆ショットゲームを知る。
　→p.40参照

●キャッチ＆ショットゲームを通して、テニピンのルールを確認する。

**📣教師の言葉かけ**

・ハンドラケットを使って打つコツを見つけよう。
・ボールの落下点を予測して、素早く移動しよう。
・バウンドに合わせてキャッチした後、どこをねらったらよいかな？

### 展開①

●学習課題を確認する。
・素早く打点に入り、ボールをキャッチできるようにする。
・キャッチした後、相手のどこにボールを返球したら得点できるかを考える。
・ラケットを使ってねらったところに打つコツを見つける。

●ペアでコロコロラリーをする。
（ウォーミングアップ）
・打点に入る感覚とラケットにボールを当てて返球する力を養う。
・20回連続を目標にする。

●ペアでキャッチ＆ショットラリーをする。
・相手から送られてきたボールをワンバウンドしてキャッチし、素早く相手の取りやすいところへ打って返球する力を養う。
・10回連続を目標にする。

| ゲーム | 振り返り |
|---|---|
| どこをねらって打てばよいかを考えさせましょう。 | 「打つコツ」＋「空いてるスペースへの気付き」を促しましょう。 |

相手が嫌がるところに打てばいいよね。

相手のいないところに強いボールを打ったら得点できたよ。

## 展開②

〈キャッチ＆ショットゲーム〉
- ●ゲーム１をする。
- ・前後半３分のゲームをする。

- ●チーム練習をする。
- ・よかった友達の動きをチームで話し合い、よい動きを意識して練習する。

- ●ゲーム２をする。
- ・前後半３分のゲームをする。

### 📢教師の言葉かけ

- ・よい動きを称賛して、周りの子に広めていく。
- ・どこをねらって返すとよいかを考えるように促す。
- ・ハンドラケットを使って打つコツについて考えるよう促す。

## 終末

- ●チームで振り返る。
- ・友達のよかった動きや相手コートのどこをねらって返すとよいかについて、話し合い、次の時間にがんばりたいことをまとめる。

- ●クラス全体で振り返る。
- ・展開①の「学習課題」について全体で振り返り、よかった動きや作戦について共有する。
- ・次の時間で行う発展したゲーム（「テニピンゲーム」：選択キャッチ＆ショット）を紹介する。

### 評価のポイント

- ・ハンドラケットを使って上手に打つコツについて考えている。
- ・どこをねらって打つとよいかについて考え、実行しようとしている。

| テニピンゲーム | 学習課題の確認 |
|---|---|

キャッチを認めるなど、子どもの実態に応じて、臨機応変に対応しましょう。

素早くボールが落ちてくるところを考えて、止まって打てるようにするぞ！

①直接打つとどんなところがよいかな？　②キャッチするとどんなところがよいかな？

### 導入

●学習の準備をする。

●テニピンゲーム（選択キャッチ＆ショット）を知る。
→p.41参照

●これまでの学びの積み重ねを通して、テニピンのルールを確認する。

#### 📣教師の言葉かけ

・ハンドラケットを使って打つコツを見つけよう。
・ボールの落下点を予測して、素早く移動しよう。
・キャッチしてもしなくてもよいけれど、どちらが得点を取りやすいか考えながらゲームしてみよう。

### 展開①

●学習課題を確認する。
・素早く打点に入り、ボールを相手コートに返球しよう（キャッチしても、直接打ってもよい）。
・直接打つときと、キャッチするときは、それぞれどんなよさがあるだろう。
・（直接打つよさに気付かせ）ねらったところにボールを打とう。

●ペアでコロコロラリーをする。
・打点に入る感覚とラケットにボールを当てて返球する力を養う。
・30回連続を目標にする。

●ペアでキャッチ＆ショットラリーをする。
・相手から送られてきたボールをできるだけキャッチせずに、直接、相手の取りやすいところへ打って返球する力を養う。
・10回連続を目標にする。

| ゲーム | 振り返り |
|---|---|

直接返球のよさに気付けるよう声かけをしましょう。

キャッチするのと、直接打つのと、どちらが得点しやすいだろう？

①直接打つと、相手が準備できていないときに打てるから、得点しやすくなるよ。でも、難しいよね。

②キャッチすると簡単に返せるけれど、ラリーが長く続きすぎちゃって、得点がしづらいよ。

展開②　　　　　　　　終　末

〈テニピンゲーム（選択：キャッチ＆ショット）〉
●ゲーム１をする。
・前後半３分のゲームをする。

●チーム練習をする。
・よかった友達の動きをチームで話し合い、よい動きを意識して練習する。

●ゲーム２をする。
・前後半３分のゲームをする。

📢**教師の言葉かけ**

・直接打っている子のよさを例に挙げ、直接打つことに挑戦するよう促す。
・どこへねらって打つとよいかを考えて練習するよう促す。
・教師は、練習の様子を見回り、よりよい練習方法をアドバイスする。

●チームで振り返る。
・友達のよかった動きや相手コートのどこをねらって返すとよいかを話し合い、次の時間にがんばりたいことをまとめる。
・直接打つことと、キャッチすることのそれぞれのよさと課題について考える。

●クラス全体で振り返る
・展開①の「学習課題」について振り返り、よかった動きや作戦について共有する。
・単元全体のクラスや個々の成長を十分に褒め、中学年での意欲につなげる。

**評価のポイント**

・素早く打点に入り、相手コートに返球している。
・直接打つことが、得点につながることやテニピンゲームの面白さの本質であることを理解している。

# ボンバーゲーム

## 1 ボンバーゲームとは？

　ボンバーゲームとは、西村（2015）によって開発されたゲームです。

　西村は、「高学年のネット型の授業を見ていて『どうして、もっと必死でボールを追いかけないのだろう』と思うことがよくあります。ひょっとすると子どもたちは、これまでにネット型の落とす／落とさせないという楽しさに出会わないまま、高学年で難易度の高いボールを弾いて行うネット型ゲームに取り組んでいるのではないか」といった問題意識のもと、低学年のうちからネット型ゲームの楽しさに十分に触れつつ、投能力をしっかり身に付けることができる教材「ボンバーゲーム」を開発しました。

　この投能力については、ラケットを使った打つ動作と近似した構造を有していることから、低・中学年段階までの投動作の学習が重要であると報告されています（2015、井浦）。

　これらのことから分かるように、ボンバーゲームを低学年段階で経験することは、バレーボールやテニスといったネット型のゲームへの系統性を考慮することができるという点において、とても有効的です。

## 2 ボンバーゲームのルール及びゲームの仕方

　ボンバーゲームのルールは下記の通りです。単元のはじめは、①〜⑤だけを提示してゲームを行います。単元の進行に伴い、子どもたちと共にルールについて考える過程を通して、⑥〜⑨のルールを付け加えていくとよいでしょう。

〈ボンバーゲームの主なルール〉
① １チームの人数は３、４名で、そのうち２名がプレーを行う。
② コートの広さは横７m×縦８mで、ネットの高さは170cm程度。
③ ゲームを始めるときは、ボンバーを投げる者が「レディー」と相手に声をかけ、「ゴー」と相手が返事したのを確認して投げ入れる。
④ 相手コートに落ちたら１点、ネットやアウトになったら相手側に攻撃権が移る。その際、相手側に点数は入らない。
⑤ 得点をした者と外に出ている者が交代する。
⑥ ネット代わりに張っているスズランテープに少しでも触れたらタッチネットとし、相手の得点とする。
⑦ キャッチしたらその場から投げる（歩けるのは２歩まで）。
⑧ ３秒以内に投げる。
⑨ 判定に困った場合は、やり直し。

〈コート図〉

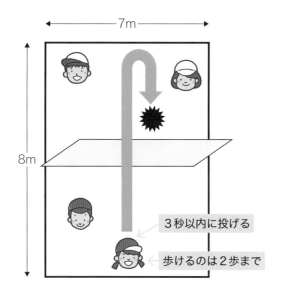

← 7m →

8m

3秒以内に投げる

歩けるのは2歩まで

## 3 用具の工夫

　ボンバーゲームは、ビニール袋製のボール（右写真）を使って行います。このボールは、ビニール袋に緩衝材を袋ごと入れて結び、袋の下の両端の部分を中央に寄せてテープで貼ります。こうすることで 形が球状で結び目の先が紐のように飛び出した爆弾（ボンバーゲームの名前の由来）のような形になります。

　このボールは、紐のように飛び出した箇所を握って投げることができることや、投げた後、ネットを越さなくてはいけないということが作用し、低学年のオーバーハンドスローの投能力が身に付けやすくなります。また、投げた後、遅すぎず、速すぎず飛ぶことで、ねらったところに投げ入れたり、落ちてきた打点に入ってキャッチしやすかったりするという特性があります。

　ネットは、塩ビ管をコーンで固定し、支柱をつくります。2つの支柱をスズランテープでつないで完成です（右写真）。

## 4 単元計画

### ①単元目標

〇打点に入る感覚やねらったところに投げる力を身に付けることができる。（知識及び技能）

〇自分やチームの課題を見つけ、課題の解決に向けて工夫することができる。

（思考力、判断力、表現力等）

〇友達と協力しながら、進んで準備・片付けをしたり、運動に取り組んだりすることができる。

（学びに向かう力、人間性等）

### ②単元計画

| 時 | ねらい | 主な学習活動 |
|---|---|---|
| 1・2 | 【オリエンテーション】<br>・ボンバーゲームを知る<br>・チームをつくる | 【オリエンテーション】<br>①ボールに慣れる<br>②チームをつくる<br>③試しのゲームをする |
| 3・4 | 【試しのゲームをする】<br>・キャッチボールで打点に入ってキャッチする<br>・オーバーハンドで力強く投げる<br>・簡単な作戦を考える | ①学習の準備<br>②キャッチボールでウォーミングアップ<br>③学習のポイントの確認<br>④ゲーム1（前後半3分）<br>⑤チームの時間<br>⑥ゲーム2（前後半3分）<br>⑦振り返り |
| 5・6 | 【対抗戦をする】<br>・オーバーハンドで強弱をつけたり、ねらったりして投げる<br>・左右にふられたボールをキャッチできるように構えを意識する<br>・ねらいを意識した作戦を考える | ①学習の準備<br>②キャッチボールでウォーミングアップ<br>③学習のポイントの確認<br>④ゲーム1（前後半3分）<br>⑤チームの時間<br>⑥ゲーム2（前後半3分）<br>⑦振り返り |
| 7・8 | 【ボンバーゲーム大会】<br>・相手から送られてきたボールをキャッチしてから、素早くどこに、どのように投げ入れたらよいか判断して、投げる<br>・勝つための作戦を考える | ①学習の準備<br>②キャッチボールでウォーミングアップ<br>③学習のポイントの確認<br>④ゲーム1（前後半3分）<br>⑤チームの時間<br>⑥ゲーム2（前後半3分）<br>⑦振り返り |

## 5 授業づくりのポイント

### 1時 オリエンテーション

必要最小限のルールを伝えてゲームを行います。低学年段階のチームは、教師が個々の能力に応じて編成するとよいでしょう。

### 2・3時 簡単な作戦を考える

2・3時間目は、ルールの確認や付け足しを行うと同時に、簡単な作戦を考えながらゲームを行います。「ネットぎりぎりをねらう作戦」や「投げるふりをする作戦」など様々な作戦を考え出すようになります。次時からは作戦を成功させるためにどうするかを学習課題とします。

### 4時 ねらった方向に足を踏み出して投げる

「ねらったところに投げたいと思っているにもかかわらず、ボールが違うところに飛んでいくのはどうしてだろう」「力強いボールはどうしたら投げられるだろう」といった子どもたちの思いを把握したうえで、学習課題を考えます。踏み込み足の方向の大切さに気付くことができるように、声かけをしましょう。

### 5時 素早く動くための構え

強弱をつけて投げられるようになってくることに伴い、左右に投げられたボールを落としたくないという思いも強くなります。素早く動き出すための構えについて考える学習も行うとよいでしょう。

### 6・7時 キャッチしたボールをできるだけ早く投げ返す

守備力がわずかに上がっただけで、これまでに通用してきた左右に投げ分ける攻撃や力強いボールが通用しなくなってきます。そこで、「素早く投げ返せば、相手が戻ってくる前に落とせるよ」という子どもの言語表現を取り上げ、捕球動作から投動作の素早いつなぎ方について考える時間を保障するとよいでしょう。

### 8時 ボンバーゲーム大会で勝つための作戦を考える

最後は、これまでの学習を生かして総当たりのボンバーゲーム大会を行います。勝つための作戦とはどのような作戦か、具体的に話し合えるとよいでしょう。

〈参考・引用文献〉
・西村正之（2015）「小学校低学年で取り組むボンバーゲーム」．大修館書店．体育科教育63（10）:26-29.
・井浦徹・中塚洋介・山岸真大・岩田靖（2015）「『ダブルバウンド・テニス』の教材づくり」．大修館書店．体育科教育63（10）:36-39.

# 中学年の授業づくり

## 1 単元目標

○ラリーをつなげたり、ねらったところにコントロールしたりするコツを理解し、実践しながらゲームをすることができる。 （知識及び技能）

○ルールを工夫しながら自分たちに合ったゲームづくりをしたり、自分の動きや相手の動きを考えた作戦を工夫したりしたことを、身体や言語で表現することができる。
（思考力、判断力、表現力等）

○ルールを守り、他者と対話しながら協働的に学び合うことができる。
（学びに向かう力、人間性等）

## 2 単元計画（全8時間）

| 時 | ねらい | 主な学習活動 |
|---|---|---|
| 1・2 | ・テニピンを知る<br>・キャプテンを決めてチームをつくる<br>・試しのゲームをする | 【オリエンテーション】<br>①ボールに慣れる<br>②個人のめあてに応じた練習<br>③試しのゲームをする（8チームに分けて4コートでゲームをする）<br>※キャッチ＆ショットから始める |
| 3・4 | ・みんなが楽しめるルールをつくる<br>・相手から送られてきたボールを返球する | ①学習の準備・テニピン遊び<br>②学習のポイントの確認<br>③個人のめあてに応じた練習<br>④ゲーム1（前後半3分）☆個人のめあてを意識<br>⑤チームの時間（作戦を考えながら）<br>⑥ゲーム2（前後半3分）☆チームの課題を意識<br>⑦振り返り<br>※直接返球を目指すが、キャッチもOK |
| 5・6<br>7・8 | ・勝つための作戦を考えてゲームをする<br>・状況判断のもと返球し、得点する | ①学習の準備・テニピン遊び<br>②学習のポイントの確認<br>③個人のめあてに応じた練習<br>④チームの時間（作戦を意識）<br>⑤ゲーム☆状況判断をして、ボールを返せるように<br>ゲーム1（前後半3分）→チームの時間（3分）→ゲーム2（前後半3分）<br>⑦振り返り<br>※直接返球でゲームをする |

# テニピン　個人ノート

年　　　組　　　名前

_____

☆今日の学習をふり返って
ふり返りの視点

①自分の課題（打ち方・状況判断・空間など）について、「なるほど、わかった、できた」ことは何かな？
②友達と交流して自分の考え方について深まったことや更新されたことは何かな？

| 【課題】 | 【ふり返り】 | 【課題】 | 【ふり返り】 |
|---|---|---|---|
| ／（　） | ①<br><br>② | ／（　） | ①<br><br>② |
| ／（　） | ①<br><br>② | ／（　） | ①<br><br>② |
| ／（　） | ①<br><br>② | ／（　） | ①<br><br>② |
| ／（　） | ①<br><br>② | ／（　） | ①<br><br>② |

### テニピンのプレーのよいイメージづくり

オリエンテーションでは、単元のゴールイメージをもたせましょう。

ハンドラケットとボールがやわらかいから、とても打ちやすいな。

### 学習課題の確認

子どもの実態に応じて課題を設定しましょう。

タイミングを合わせて打つぞ。

### 導入

●オリエンテーション
・テニスのゲームを視聴し、テニスの面白さを知る。
・YouTubeでテニピンの授業映像を視聴（p.96のQRコード参照）し、よいプレーのイメージをもたせる。

●学習の準備をする。

●第1時は、試しのゲームを行う。
（一度キャッチしてから、返球を認めた形式で行う）

#### 教師の言葉かけ

・映像の中で、どんなプレーが心に残りましたか？
・直接返球が難しい場合は、一度キャッチしてからの返球もOKですよ。

### 展開①

●学習課題を確認する。
・素早く、ボールの位置に移動する。
・1・2（1・2・3）のバウンドのリズムに合わせて、やさしく返球する。

●テニピン遊びでウォーミングアップをする（テニピン遊びp.27、28参照）。
・ペアでコロコロラリー30回
・ペアでキャッチ＆ショットラリー30回
・ペアで直接ラリー10回

#### 教師の言葉かけ

・ボールがどこに落ちるかを予測して、先にその場へ移動しよう。
・（返球が難しい子には）先に後ろに下がって、2バウンドを活用して、1・2・3のリズムで打ってみよう。

| ゲーム | 振り返り |
|---|---|
| 課題を意識しながらゲームをするように促しましょう。 | 学習課題について振り返り、次時のめあてづくりに生かします。 |

私は、上手に返せないから、「続けてみそ」の練習にしよう。

1バウンドより2バウンドのほうがタイミングを合わせやすくて打ちやすかったから、次の時間はそのことを意識したいです。

## 展開②

- ●4つの練習の場を紹介し、ローテーションしながら4つの場の練習を経験する。（→課題別練習p. 46、47参照）
- ・続けてみそ
- ・ねらってみそ
- ・エースをねらえ
- ・キャッチ＆スロー／キャッチ＆ショット

- ●ゲーム1をする。
- ・前後半3分のゲームをする。

- ●作戦タイム（3分）

- ●ゲーム2をする。
- ・前後半3分のゲームをする。

## 終末

- ●チームで振り返る。
- ・友達のよかった動きについて、話し合い、次の時間にがんばりたいことをまとめる。

- ●クラス全体で振り返る。
- ・展開①の「学習課題」について全体で振り返り、よかった動きやチームでうまくいったことについて共有する。

### 評価のポイント

- ・ボールの落下点を予測し、素早く移動し、バウンドにタイミングを合わせて打っている。
- ・友達のよい動きを見て、自分の動きに生かそうとしている。

| キャッチor直接の選択 | 個の必要感に応じた課題別練習 |
|---|---|
| キャッチしてからの返球を認めつつ、直接返球のよさに気づかせていきましょう。 | 必要感に応じた練習の場を選択させましょう。 |

私はまだ上手く返せないから、キャッチしてから返球しようかな。

今日は「続けてみそ」の場で、直接返球して30回続けるぞ！

## 導入

●学習の準備をする。

●準備が終わったチームから、テニピン遊びをする。
・ペアでコロコロラリー30回
・ペアで表裏対決
・ペアでキャッチ＆ショットラリー30回
・ペアで直接フリー10回

## 展開①

●学習課題を確認する。
・相手コートに上手に返球するにはどうしたらよいだろう。
・直接返球と一度キャッチしてから返球するのでは、どちらが有利だろう。
●個の必要感に応じた場を選択して、課題別練習を行う。
・続けてみそ／ねらってみそ
・エースをねらえ
・キャッチ＆スロー／キャッチ＆ショット

### ▶教師の言葉かけ

テニピン遊びの段階から下記の声かけを一貫して行う。
・ボールの落下点を予測して、素早く移動しよう。
・2バウンドを上手く活用して、タイミングを合わせてポンとやさしく返そう。

### ▶教師の言葉かけ

・〇〇さんは、エースをねらえを選択しているけれど、もう少し続けられるようになったほうが、ゲームの面白さを味わえると思いますよ。
→適切なめあてをもてているか、教師が確認し、修正を加える。

| ゲーム | 振り返り |

ゲーム中における、4回続けてから5球目以降を得点とするルールを生かし、はじめの4回は、直接返球で打つように促しましょう。

「相手コートに上手に返球するにはどうしたらよいか」を中心に話し合いましょう。

4回までは失敗してもいいから安心して直接返せるね。

素早く移動して構えて打つと、返球しやすいよ。

直接返したほうが、相手が準備していないときに打てるから得点しやすいよね！

## 展開②

●ゲーム1をする。
・前後半3分のゲームをする。

●チーム練習をする。
・ゲーム1でよかった友達の動きをチームで話し合い、そのよい動きを意識して練習する。

●ゲーム2をする。
・前後半3分のゲームをする。

### 📢 教師の言葉かけ

・よい動きを称賛して、周りの子に広めていく。
・練習の様子を見回り、チームの実態に応じて適切な練習方法をアドバイスする。

## 終末

●チームで振り返る。
・友達のよかった動きや返球の仕方を中心に話し合い、次の時間にがんばりたいことをまとめる。

●クラス全体で振り返る。
・展開①の「学習課題」について全体で振り返り、よかった動きや作戦について共有する。

### 評価のポイント

・素早く打点に入り、1・2（もしくは、1・2・3）のタイミングで打っている。
・直接返球のよさに気付いている。
　→キャッチすると、攻撃が遅くなってしまい、守りが有利になってしまう。

## 5・6時 〈勝つための作戦を考えてゲームをする〉

### 直接返球のみでゲーム

リーグ戦を始める段階で、直接返球でゲームをすることを事前に伝えておきましょう。

今日からリーグ戦だ！がんばるぞ！！

### 学習課題提示

これまでに学んだ打ち方のコツを生かして練習させましょう。

### POINT

①ひざの前で打つ
②下から上にふんわり（つなげる）
③横から横へ（強く）
④ねらった場所に打つ

### 導入

● 学習の準備をする。

● 準備が終わったチームから、テニピン遊びをする。
・ペアでコロコロラリー30回
・ペアで表裏対決
・ペアでキャッチ＆ショットラリー30回
・ペアで直接ラリー10回

#### ◗ 教師の言葉かけ

テニピン遊びの段階から下記の声かけを一貫して行う。
・ボールの落下点を予測して、素早く移動しよう。
・1バウンドか2バウンドかを素早く判断して、タイミングを合わせて返そう。

### 展開①

● 学習課題を確認する。
・相手のどこにボールを返球したら得点できるかを考える。
・勝つために作戦を考えてゲームをする。

● 個の必要感に応じた場を選択して、課題別練習を行う。
・続けてみそ／ねらってみそ
・エースをねらえ
・キャッチ＆スロー／キャッチ＆ショット

#### ◗ 教師の言葉かけ

・○○さんは、続けてみそを選択しているけれど、もう少しねらった場所に打てるようになると、ゲームの面白さを味わえると思いますよ。
→適切なめあてをもてているか、教師が確認し、修正を加える。

## チーム練習

課題別練習の後に、チーム練習を行いましょう。

打点を調べてみよう。

## 振り返り

多く得点していた子どものプレーに着目して、よさを広げていきましょう。

○○君は、いつも深く返していたから、たくさん得点していました。

私は浅いボールを打ってしまったとき、攻められてしまいました。

## 展開②

●チーム練習をする。
・チームの作戦に応じた練習を課題別練習から選択して行う。

●ゲーム１をする。
・前後半３分のゲームをする。

●ゲーム２をする。
・前後半３分のゲームをする。

### 教師の言葉かけ

・よい動きを称賛して、周りの子に広めていく。
・止まって打つことと、動きながら打つこと、どちらが返球しやすいか分析してみよう。
→分析カード（打点調べ）p.80参照

## 終 末

●チームで振り返る
・友達のよかった動きや相手コートのどこをねらって返すとよいかについて、話し合い、次の時間にがんばりたいことをまとめる。

●クラス全体で振り返る
・展開①の「学習課題」について全体で振り返り、よかった動きや作戦について共有する。
・深いボールと浅いボールへの状況判断について確認する。

### 評価のポイント

・「深いボールは打ちにくい」「浅いボールは打ちやすい」という経験をもとに、どのように返球するのかを考えている。

## 7・8時 〈状況判断のもと直接返球してゲームをする〉

| 状況判断を楽しむ | 学習課題の確認 |
|---|---|
| 単元のまとめの段階は、状況判断の大切さを理解させましょう。 | 浅いボールと深いボールへの対応の仕方について考えさせましょう。 |

深いボールは打ちにくいから、とにかく高く返すようにしよう。　浅いボールはチャンスだよね！

優勝目指してがんばるぞ！

### 導入

● 学習の準備をする。

● 準備が終わったチームから、テニピン遊びをする。
・ペアでコロコロラリー30回
・ペアで表裏対決
・ペアでキャッチ＆ショットラリー30回
・ペアで直接ラリー10回

**教師の言葉かけ**

テニピン遊びの段階から下記の声かけを一貫して行う。
・ボールの落下点を予測して、素早く移動しよう。
・1バウンドか2バウンドかを素早く判断して、タイミングを合わせて返そう。

### 展開①

● 学習課題を確認する。
・浅いボールと深いボールに対して適切に状況判断をしてゲームをする。

● 個の必要感に応じた場を選択して、課題別練習を行う。
・続けてみそ
・ねらってみそ
・エースをねらえ
・キャッチ＆スロー／キャッチ＆ショット

**教師の言葉かけ**

・浅いボール＝打ちやすい
　→攻めるためには、どんな打ち方をして、どこへ返したらよいかな？
・深いボール＝打ちにくい
　→守るためには、どんな打ち方をして、どこへ返したらよいかな？

| ゲーム分析 | 振り返り |
|---|---|
| ゲームを分析させましょう。 | 状況判断に応じた打ち方にも着目しましょう。 |

浅いボールはチャンスだよ！

浅いボールは踏み込んで横から横へ強くラケットを振るといいよ。

深いボールは、高く深く、下から打ち上げるように打つといいよ。

## 展開②

- ●チーム練習をする。
- ・課題別練習から選択もしくは、アレンジして行う。
- ●ゲーム１をする。
- ・前後半３分のゲームをする。
- ●ゲーム２をする。
- ・前後半３分のゲームをする。

### 📢教師の言葉かけ

- ・よい動きを称賛して、周りの子に広めていく。
- ・浅いボールは、攻撃できるから、強いボールを打っていこう。
- ・深いボールは、攻撃できないから、相手が打ちにくいような高くて深いボールを返そう。
  - →分析カード（空間分析カード〈浅い・深い〉）p.81参照

## 終末

- ●チームで振り返る。
- ・分析カードをもとに、浅い・深いボールへの状況判断ができていたかを確認する。
- ・友達のよかった動きや相手コートのどこをねらって返すとよいかを話し合う。

- ●クラス全体で振り返る。
- ・「学習課題」について全体で振り返り、よかった動きや作戦について共有する。
- ・浅いボールと深いボールへの状況判断について確認する。
- ・浅い・深いに関する判断をこえて、４等分（ABCDの空間）にも目を向ける。

### 評価のポイント

- ・浅い・深いに関する適切な状況判断について理解している。
- ・その判断をもとに、プレーしている。

## 打点・打ち方分析カード

※記入例はp.92参照

# テニピン　打点・打ち方ぶんせきカード　　　月　　日

| 一人ひとりの打点を調べてみよう！ | ★チーム名（　　色　　　チーム） |

★ゲーム1　　　　　　　　　　　　　　　　　　　【前半】

| 名前 | | | | |
|---|---|---|---|---|
| とまって打った数 | | | | |
| インした数 | | | | |
| アウトした数 | | | | |

【後半】

| 名前 | | | | |
|---|---|---|---|---|
| とまって打った数 | | | | |
| インした数 | | | | |
| アウトした数 | | | | |

★ゲーム2　　　　　　　　　　　　　　　　　　　【前半】

| 名前 | | | | |
|---|---|---|---|---|
| とまって打った数 | | | | |
| インした数 | | | | |
| アウトした数 | | | | |

【後半】

| 名前 | | | | |
|---|---|---|---|---|
| とまって打った数 | | | | |
| インした数 | | | | |
| アウトした数 | | | | |

【ぶんせきカードをみて気づいたことをメモしよう】

| 【メモ】 | ☆ぶんせきの仕方（ ˜˜˜˜˜ をめざそう！）<br>・とまって打っていてインが多い → ねらったところに打てる<br>・とまって打っているがアウトが多い → 打ち方の練習必要<br>・とまって打っていないがインが多い → とまって打てるともっとねらったところにうてる<br>・とまって打っていないしアウトが多い → とまって打つことと打ち方の練習必要 |

## 分析カード（空間分析表）

※記入例はp.93参照

# テニピン空間ぶんせきカード

月　　日（　）　チーム名【　　　　　　　　】

## 浅いボール（A）、深いボール（B）の状況判断（じょうきょうはんだん）をして打ち返そう！

☆ゲーム１　　記録＜　　　＞　　　　記録＜　　　＞　　　　記録＜　　　＞

| 空間 | 前半（　　　）（　　　） | 中ばん（　　　）（　　　） | 後半（　　　）（　　　） |
|---|---|---|---|
| A |  |  |  |
| B |  |  |  |

☆ゲーム２　　記録＜　　　＞　　　　記録＜　　　＞　　　　記録＜　　　＞

| 空間 | 前半（　　　）（　　　） | 中ばん（　　　）（　　　） | 後半（　　　）（　　　） |
|---|---|---|---|
| A |  |  |  |
| B |  |  |  |

【ぶんせきデータ】

● 触球　　　　　　　　●───◉ ： 自分のポイント ──────

（ボールにふれること）●───× ： 相手のポイント ──────

☆空間の名称

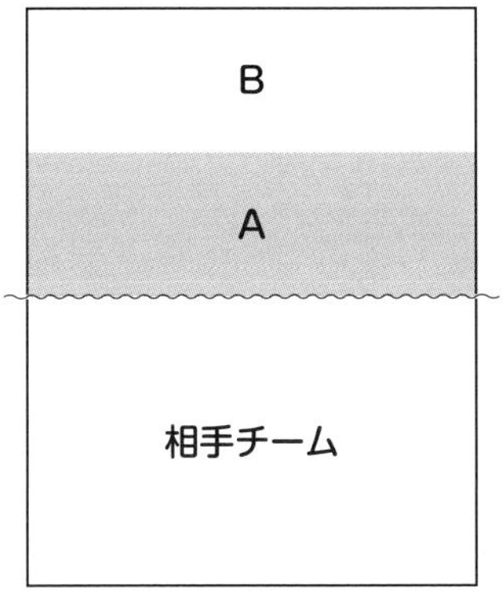

| B |
|---|
| A |

相手チーム

☆ぶんせきの仕方

・深い（B）ボールはどうする？

・浅い（A）ボールはどうする？

・どんな組み立てをしたら浅いチャンスボールがくるだろう？

空間を上手に使ってポイントをとろう！

【メモ】

# 高学年の授業づくり

## 1　単元目標

○相手から送られてきたボールの落下点を予測して動き、強弱をつけたボールをコントロールして打つことができる。　　　　　　　　　　　　　　　　（知識及び技能）

○浅いボールや深いボールへの状況を適切に判断して打ち返したり、組み立てて空いている空間を攻めたりすることができる。　　　　　　　　（思考力、判断力、表現力等）

○互いに認め合い、励まし合い、高め合いながら、ゲームに取り組むことができる。

（学びに向かう力、人間性等）

## 2　単元計画（全8時間）

| 時 | ねらい | 主な学習活動 |
|---|---|---|
| 1・2 | ・テニピンを知る<br>・キャプテンを決めてチームをつくる<br>・試しのゲームをする | 【オリエンテーション】<br>①ボールに慣れる<br>②個人のめあてに応じた練習<br>③試しのゲームをする（8チームに分けて4コートでゲームをする）<br>※直接返球でゲームをする |
| 3・4 | ・相手から送られてきたボールを返球する<br>・空いている空間を意識してゲームをする | ①学習の準備・テニピン遊び<br>②学習のポイントの確認<br>③個人のめあてに応じた練習<br>④ゲーム1（前後半3分）　☆個人のめあてを意識<br>⑤チームの時間（作戦を考えながら）<br>⑥ゲーム2（前後半3分）　☆空いている空間を意識<br>⑦振り返り<br>※直接返球でゲームする |
| 5・6<br>7・8 | ・勝つための作戦を考えてゲームをする<br>・状況判断のもと返球し、得点する<br><br>☞ 中学年でテニピンを経験している場合、高学年では、単元後半は「ラケットテニピン」に取り組むことも可能<br>☞ 本書では、7・8時はラケットテニピンの授業づくりを紹介 | ①学習の準備・テニピン遊び<br>②学習のポイントの確認<br>③個人のめあてに応じた練習<br>④チームの時間（作戦を意識）<br>⑤ゲーム　☆状況判断を意識<br>　ゲーム1（前後半3分）→チームの時間（3分）→ゲーム2（前後半3分）<br>⑦振り返り<br>※直接返球でゲームをする |

## 高学年　チームカード

# テニピン　チームカード

月　　日（　　）チーム名（　　　色：　　　　　　　　　　）
☆今日の作戦（さくせん）　　　　　　　　　☆チームの時間（作戦を実現させよう）

|  |  |
|---|---|
|  |  |

☆作戦図（動き、ポジション）※メモ　　　　　☆チームの結果
*ダブルス　　　　　　　　*ダブルス　　　　*ゲーム1（得点）

| C | D |
|---|---|
| A | B |

| C | D |
|---|---|
| A | B |

| 自分チーム | （　　）色チーム |
|---|---|
| 前 |  |
| 中 |  |
| 後 |  |
| 合計 | 合計 |

勝ち・負け・引き分け
（〇をつけよう）

*ゲーム2（得点）

| 自分チーム | （　　）色チーム |
|---|---|
| 前 |  |
| 中 |  |
| 後 |  |
| 合計 | 合計 |

勝ち・負け・引き分け
（〇をつけよう）

☆チームのMVP（プレー、おうえん、アドバイス）

|  |
|---|
|  |

☆今日のふりかえり

| （1）今日のなるほど<br>（友達のよかった打ち方や状況判断（じょうきょうはんだん）・マネしてみたい動き→次に生かしたいこと）<br><br><br>（2）作戦について<br>（作戦はうまくいきましたか？　適切（てきせつ）でしたか？　→次に生かしたいこと） |
|---|

## 1・2時 〈テニピンを知る〉

### テニピンのプレーのよいイメージづくり

錦織圭選手や大坂なおみ選手の動画を視聴しテニスに興味・関心をもたせましょう。

### 学習課題の確認

子どもの実態に応じて課題を設定しましょう。

下からやさしくポンと打って、つなげるぞ。

---

### 導入

- ●オリエンテーション
- ・テニスのゲームを視聴し、テニスの面白さを知る。
- ・YouTubeでテニピンの授業映像を視聴（p.96のQRコード参照）し、ルールを確認する。
- ・よいプレーのイメージをもたせる。

- ●学習の準備をする。

- ●第1時は、試しのゲームを行う。
（直接返球して打ち合うゲーム）

#### 📢 教師の言葉かけ

- ・映像の中で、どんなプレーが心に残りましたか？
- ・テニピンの面白さって何だろう。

### 展開①

- ●学習課題を確認する。
- ・素早く、ボールの位置に移動する。
- ・1・2（1・2・3）のバウンドのリズムに合わせて、やさしく返球する。
- ・つなげる打ち方、強いボールの打ち方について考える。

- ●ウォーミングアップ（p.43、44参照）。
- ・ペアでコロコロラリー30回
- ・ペアでキャッチ＆ショットラリー30回
- ・ペアで直接ラリー10回
- ・しりとりラリー3回勝負

#### 📢 教師の言葉かけ

- ・ボールがどこに落ちるかを予測して、先にその場へ移動しよう。
- ・つなげる打ち方は、膝の前でやさしく下からポンと打ち上げてみよう。

| ゲーム | 振り返り |
|---|---|
| ゲームするうえで大切な技能や動き方について考えさせましょう。 | 学習課題について振り返り、次時のめあてづくりに生かします。 |

まずは、4回続けられるように、
「続けてみそ」の場を選択しよう。

つなげる打ち方と強く打つ打ち
方ってどこか違うのかな？

強く打つときは、強く踏み込ん
で、横に振るイメージです。

| 展開② | 終 末 |
|---|---|

●4つの練習の場を紹介し、ローテーションしながら4つの場の練習を経験する。
→課題別練習p.46、47参照
・続けてみそ
・ねらってみそ
・エースをねらえ
・キャッチ＆スロー／キャッチ＆ショット

●ゲーム1をする。
・前後半3分のゲームをする。
☞自分のめあてを考える。

●作戦タイム（3分）
☞個々のめあてを持ち寄り、お互いにアドバイスし合いながら練習する。

●ゲーム2をする。
・前後半3分のゲームをする。

●チームで振り返る。
・テニピンの面白さや友達のよかった動きについて話し合い、次の時間にがんばりたいことをまとめる。

●クラス全体で振り返る。
・展開①の「学習課題」について全体で振り返り、よかった動きやチームでうまくいったことについて共有する。

### 評価のポイント

・ボールの落下点を予測し、素早く移動し、バウンドにタイミングを合わせて打っている。
・つなげる打ち方と強いボールを打つ打ち方についての違いを理解している。
・友達のよい動きを見て、自分の動きに生かそうとしている。

| 空いている空間への意識 | 個の必要感に応じた課題別練習 |
|---|---|
| 高学年における空間認知は、大切な学習内容です。毎時間、学習課題の1つとして取り上げ、学びを深めていきましょう。 | 必要感に応じた場を選択させましょう。 |

どこのスペースに打てば、得点になるかな？

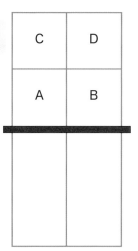

| C | D |
|---|---|
| A | B |

今日は、キャッチ＆ショットで空いているスペースを攻める練習をしよう。

### 導入

- 学習の準備をする。

- 準備が終わったチームから、テニピン遊びをする。
  ・ペアでコロコロラリー30回
  ・ペアで表裏対決
  ・ペアでキャッチ＆ショットラリー30回
  ・ペアで直接ラリー10回

#### 教師の言葉かけ

テニピン遊びの段階から下記の声かけを一貫して行う。
・ボールの落下点を予測して、素早く移動しよう。
・2バウンドを上手く活用して、タイミングを合わせてポンとやさしく返そう。

### 展開①

- 学習課題を確認する。
  ・空いているスペースを攻める作戦を考えてゲームをする。
  ・攻める・守るときの打ち方を考える。

- 個の必要感に応じた場を選択して、課題別練習を行う。
  ・続けてみそ／ねらってみそ
  ・エースをねらえ／テニピンゲーム
  ・キャッチ＆スロー／キャッチ＆ショット

#### 教師の言葉かけ

・○○くんは、キャッチ＆ショットを選択しているけれど、ねらった場所に打てるようになったから、テニピンのゲームの中で試してみたら？
→適切なめあてをもっているか、教師が確認し、修正を加える。

## ゲーム

空いているスペースを攻めることを意識して、ゲームをさせましょう。

相手が右にいるから、左に打とう。
相手が後ろ側にいるから、前にボールをやさしく落とそう。

## 振り返り

「相手コートに上手に返球するにはどうしたらよいか」を中心に話し合いましょう。

素早く移動して構えて打つと、返球しやすいよ。

直接返したほうが、相手が準備していないときに打てるから得点しやすいよね！

## 展開②

●ゲーム１をする。
・前後半３分のゲームをする。

●チーム練習をする。
・課題別練習の中から選択して、チームに必要な練習を行う。

●ゲーム２をする。
・前後半３分のゲームをする。

### 📢教師の言葉かけ

・よい動きを称賛して、周りの子に広めていく。
・各チームに必要な練習をしているかどうか見回り、修正点などをアドバイスする。

## 終　末

●チームで振り返る。
・友達のよかった動きや考えた作戦について振り返る（空いているスペースのこと、打ち方のこと）。

●クラス全体で振り返る。
・展開①の「学習課題」について全体で振り返り、よかった動きや作戦について共有する。

### 評価のポイント

・空いているスペースを認識している。
・つなげる打ち方と強く打つ打ち方を理解し、実践しようとしている。

## 5・6時 〈状況判断をしてゲームをする〉

| 分析を活用 | 学習課題提示 |
|---|---|
| 空間分析表を効果的に活用し、適切な状況判断について考えさせましょう。 | 得点するために「組み立てる」ことへの意識をもたせましょう。 |

ここの空いているスペースにボールを打ったら、得点できました。

「D」に空いているスペースをつくり、得点するためにはどうしたらよいだろう？

| 導入 | 展開① |
|---|---|

●学習の準備をする。

●準備が終わったチームから、テニピン遊びをする。
・ペアでコロコロラリー30回
・ペアで表裏対決
・ペアでキャッチ＆ショットラリー30回
・ペアで直接フリー10回

### 🔊 教師の言葉かけ

テニピン遊びの段階から下記の声かけを一貫して行う。
・ボールの落下点を予測して、素早く移動しよう。
・1バウンドか2バウンドかを素早く判断して、タイミングを合わせて返そう。
・下から上にやさしくポンと打とう。

●学習課題を確認する。
・組み立てて空いているスペースを攻める。
・「浅い・深い」に関する状況判断をもとに打ち方を考える。

●個の必要感に応じた場を選択して、課題別練習を行う。
・続けてみそ／ねらってみそ
・エースをねらえ
・キャッチ＆スロー／キャッチ＆ショット
・ゲーム

### 🔊 教師の言葉かけ

・学習課題について、図面を活用しながらスペースをつくり、スペースを攻めるということを確認します。
☞Aにスペースをつくるにはどうしたらよいかな？

| チーム練習 | 振り返り |
|---|---|

チーム練習では、課題別練習をアレンジして考えてもよいことを伝えましょう。

組み立て方について、考えたこと、実現できたことを学び合いましょう。

### POINT

①C→D→C→Bのように、後ろで相手を左右に動かし、最後手前に落とすと得点できました。

②深く相手の足元にねらって速いボールを打つと得点できました。

> 今日は、続けてみそとねらってみそを1つにした練習をしようよ！

### 展開②

●チーム練習をする。
・課題別練習をもとにアレンジして行う。

●ゲーム1をする。
・前後半3分のゲームをする。

●ゲーム2をする。
・前後半3分のゲームをする。

### 教師の言葉かけ

・よい動きを称賛して、周りの子に広めていく
・どこにボールを返球すると得点できるのか、また、空いているスペースの組み立て方について分析してみよう。
→分析カード（空間分析ABCD）p.93 参照

### 終末

●チームで振り返る。
・友達のよかった動きやどのような組み立て方をすると得点できているのかについて話し合い、次の時間にがんばりたいことをまとめる。

●クラス全体で振り返る。
・展開①の「学習課題」について全体で振り返り、よかった動きや作戦について共有する。
・深いボールと浅いボールへの状況判断について確認する。

### 評価のポイント

・空いているスペースを攻めるための「組み立て方」について理解している。
・浅い・深いボールに対応した打ち方をしている。

**7・8時** 〈適切な状況判断をしてゲームをする ※ラケットテニピン〉

### これまでの学びにミニラケット操作の視点を入れる

ハンドラケットとミニラケットの違いを確認しましょう。

**P.OINT**

①ハンドラケットは手で打つ感覚だけれど、柄の付いたラケットは手から離れるから難しそう。

②でも、打点の入り方も打ち方も同じみたいだよ！

### 学習課題の確認

打ち方で同じところと違うところを考えさせましょう。

ハンドラケットの手の平感覚と柄の付いたミニラケットの感覚は、どのような違いがあるだろう。

---

**導入**

●学習の準備をする。

●「テニピン→ラケットテニピン」を行うと、ミニラケットの操作が上手くなるデータを示す（p.51のデータ参照）。

●準備後、テニピン遊びをする。
・ペアでコロコロラリー30回
・ペアで表裏対決
・ペアでキャッチ&ショットラリー30回
・ペアで直接ラリー10回

**📢教師の言葉かけ**

・打点の入り方、バウンドのタイミングの取り方は、テニピンと同じです。
・テニピンをしていると、ミニラケットの操作が上手くなるよ。

---

**展開①**

●学習課題を確認する。
・ミニラケット操作のコツを考えよう。
・適切な状況判断や組み立てを意識してゲームをしよう。

●個の必要感に応じた場を選択して、課題別練習を行う。
・続けてみそ／ねらってみそ
・エースをねらえ
・キャッチ&スロー／キャッチ&ショット
・ゲーム

**📢教師の言葉かけ**

・手の平と柄の付いたラケットでは、ボールを打つ瞬間の自分と用具の距離感が変わってくるよ。
・「つなげる」「強いボール」の打ち方のコツをつかめるといいですね。

90

| ゲーム | 振り返り |
|---|---|
| ミニラケット操作を意識してゲームをさせましょう。 | 状況判断に応じた打ち方に着目させましょう。 |

ハンドラケットよりボールが飛びすぎてしまうから、強弱でコントロールしないといけないね。

強いボールを打つときは、踏み込んで横から横へ強くラケットを振るといいよ。

ハンドラケットより腰を回して打つほうが速いボールが打てるよ。

## 展開②

- ●チーム練習をする。
- ・課題別練習をアレンジして行う。
- ●ゲーム1をする。
- ・前後半3分のゲームをする。
- ●ゲーム2をする。
- ・前後半3分のゲームをする。

### 教師の言葉かけ

- ・よい動きを称賛して、周りの子に広めよう。
- ・これまでの状況判断（深い・浅い）を意識してゲームしよう。
- ・空いているスペースを攻める組み立てについて考えよう。
- ・ボールが飛びすぎないように、ミニラケット操作の強弱について考えてゲームしよう。

## 終末

- ●チームで振り返る。
- ・分析カードをもとに、状況判断や組み立てについて確認する。
- ・友達のよかった打ち方から、ミニラケット操作のコツについてまとめる。

- ●クラス全体で振り返る。
- ・「学習課題」について全体で振り返り、よかった動きや作戦について共有する。
- ・状況判断（浅い・深い）について確認する。
- ・ABCDの空間分析をもとに、組み立ての工夫について考える。

### 評価のポイント

- ・適切な状況判断や組み立てについて理解している。
- ・その判断をもとに、プレーしている。
- ・ミニラケット操作を身に付けている。

## テニピン　打点・打ち方分析カード

### テニピン　打点・打ち方ぶんせきカード

月　　日

| 一人ひとりの打点を調べてみよう！ | ★チーム名（　　色　　　　　　　　　　　チーム） |
| --- | --- |

★ゲーム1

| 名前 | 【前半】 | | 【後半】 | | 【前半】 | 【後半】 |
| --- | --- | --- | --- | --- | --- | --- |
| とまって<br>打った数 | | | | | | |
| イン<br>した数 | | | | | | |
| アウト<br>した数 | | | | | | |

★ゲーム2

| 名前 | 【前半】 | | 【後半】 | | 【前半】 | 【後半】 |
| --- | --- | --- | --- | --- | --- | --- |
| とまって<br>打った数 | | | | | | |
| イン<br>した数 | | | | | | |
| アウト<br>した数 | | | | | | |

【ぶんせきカードをみて気づいたことをメモしよう】

| 【メモ】 | ☆ぶんせきの仕方（ 〰〰〰 をめざそう！）<br>・とまって打っていてインが多い → ねらったところに打てる<br>・とまって打っているがアウトが多い → 打ち方の練習必要<br>・とまって打っていないがインが多い → とまって打てるともっとねらったところに打てる<br>・とまって打っていないしアウトが多い → とまって打つことと打ち方の練習必要 |
| --- | --- |

## テニピン　打点・打ち方分析カード（記入例）

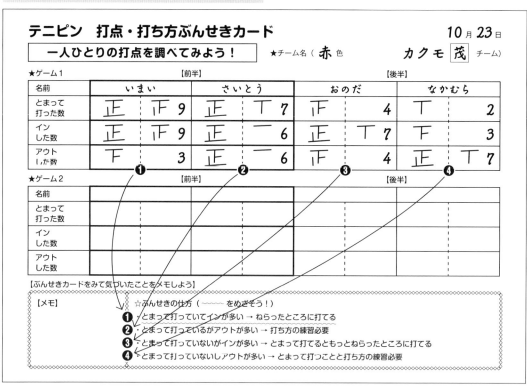

### テニピン　打点・打ち方ぶんせきカード

10月 23日

| 一人ひとりの打点を調べてみよう！ | ★チーム名（ 赤 色　　　　　カクモ 茂 チーム） |
| --- | --- |

★ゲーム1

| 名前 | 【前半】 | | | | 【後半】 | | | |
| --- | --- | --- | --- | --- | --- | --- | --- | --- |
| | いまい | | さいとう | | おのだ | | なかむら | |
| とまって<br>打った数 | 正 | 正 9 | 正 | 丁 7 | 正 | 4 | 丁 | 2 |
| イン<br>した数 | 正 | 正 9 | 正 | 一 6 | 正 | 丁 7 | 下 | 3 |
| アウト<br>した数 | 下 | 3 ❶ | 正 | 6 ❷ | 正 | 4 ❸ | 正 | 丁 7 ❹ |

★ゲーム2

| 名前 | 【前半】 | | 【後半】 | |
| --- | --- | --- | --- | --- |
| とまって<br>打った数 | | | | |
| イン<br>した数 | | | | |
| アウト<br>した数 | | | | |

【ぶんせきカードをみて気づいたことをメモしよう】

| 【メモ】 | ☆ぶんせきの仕方（ 〰〰〰 をめざそう！）<br>❶ ・とまって打っていてインが多い → ねらったところに打てる<br>❷ ・とまって打っているがアウトが多い → 打ち方の練習必要<br>❸ ・とまって打っていないがインが多い → とまって打てるともっとねらったところに打てる<br>❹ ・とまって打っていないしアウトが多い → とまって打つことと打ち方の練習必要 |
| --- | --- |

## テニピン　空間分析カード

### テニピン空間ぶんせきカード

月　　日（　）　チーム名【　　　　　　　　】

どこにボールを打つと得点につながるかを調べます。打った場所をふりかえり、得点につながる有こうな空間をみつけよう。

☆ゲーム1　記録<　　　>　　　　　記録<　　　>　　　　　記録<　　　>

| 空間 | 前半（　　　）（　　　） | 中ばん（　　　）（　　　） | 後半（　　　）（　　　） |
|---|---|---|---|
| A |  |  |  |
| B |  |  |  |
| C |  |  |  |
| D |  |  |  |

☆ゲーム2　記録<　　　>　　　　　記録<　　　>　　　　　記録<　　　>

| 空間 | 前半（　　　）（　　　） | 中ばん（　　　）（　　　） | 後半（　　　）（　　　） |
|---|---|---|---|
| A |  |  |  |
| B |  |  |  |
| C |  |  |  |
| D |  |  |  |

【ぶんせきデータ】
● 触球　　　　　●───◉：自分のチームのポイント ──────
（ボールにふれること）　●───×：相手のチームのポイント ──────

☆空間の名称

| C | D |
|---|---|
| A | B |

自陣

☆ぶんせきの仕方
・深く打つと（C・Dに打つと）どうなるかな？
・浅く打つと（A・Bに打つと）どうなるかな？　　空間を上手に使ってポイントをとろう！
・左側に打つと（A・Cに打つと）どうなるかな？
・右側に打つと（B・Dに打つと）どうなるかな？

【メモ】

---

## テニピン　空間分析カード（記入例）

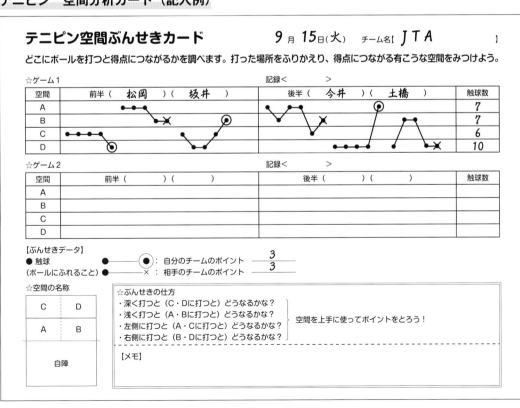

### テニピン空間ぶんせきカード

9月 15日（火）　チーム名【 JTA 】

どこにボールを打つと得点につながるかを調べます。打った場所をふりかえり、得点につながる有こうな空間をみつけよう。

☆ゲーム1　　　　　　　　　　　　　　　記録<　　　>

| 空間 | 前半（ 松岡 ）（ 坂井 ） | 後半（ 今井 ）（ 土橋 ） | 触球数 |
|---|---|---|---|
| A |  |  | 7 |
| B |  |  | 7 |
| C |  |  | 6 |
| D |  |  | 10 |

☆ゲーム2　　　　　　　　　　　　　　　記録<　　　>

| 空間 | 前半（　　　）（　　　） | 後半（　　　）（　　　） | 触球数 |
|---|---|---|---|
| A |  |  |  |
| B |  |  |  |
| C |  |  |  |
| D |  |  |  |

【ぶんせきデータ】
● 触球　　　　　●───◉：自分のチームのポイント　3
（ボールにふれること）　●───×：相手のチームのポイント　3

☆空間の名称

| C | D |
|---|---|
| A | B |

自陣

☆ぶんせきの仕方
・深く打つと（C・Dに打つと）どうなるかな？
・浅く打つと（A・Bに打つと）どうなるかな？　　空間を上手に使ってポイントをとろう！
・左側に打つと（A・Cに打つと）どうなるかな？
・右側に打つと（B・Dに打つと）どうなるかな？

【メモ】

# Q & A コーナー

＜場や用具について＞

## Q1 用具準備には、どのくらいの費用がかかりますか？

**A1**　簡易ネットは１万円程度、スポンジボールは１球200円程度、ハンドラケットは日本テニス協会の販売サイトで1000円程度で案内しています（予定）。また、100円ショップの園芸用膝当てを活用すれば100円程度で、ハンドラケットをつくることができます。

　一方、学校にあるものでも代替できます。ネットは、ハードルや工事現場で使われているようなカラーバーとコーンを使ったり、バドミントンネットを低く張ったりするなどして活用することができます（p.16、17参照）。

　ラケットは、段ボールでつくればお金はかかりません。つくり方は、20cm四方に切り抜いた段ボールを２枚用意します。p.27の写真のように、ゴムを通して完成です。両面に絵を描けば、オリジナルの自分専用のラケットにもなります（動画有）。

☆用具の販売・貸し出しについては、**p.96を参照ください。**

## Q2 屋外でも授業は可能でしょうか？

**A2**　屋外でも可能です。土のグラウンドでもスポンジボールは十分にはねます。しかし、風が強いと、ネットやボールが飛ばされてしまうので、風の少ない時期に行うとよいでしょう。

## Q3 40人学級ですが、体育館で授業はできますか？

**A3**　本書は40人で体育館で行うことを想定した授業づくりについて紹介しています。体育館で４コートをつくり、８チームに分けます。１チームを５人とし、１ゲームを「前」「中」「後」と３回に分けて行えば、全員が１つのゲームに参加することができますし、１時間に２ゲーム行えば、多くゲームに参加することができます。

＜ルールについて＞

## Q4 ノーバウンドでの返球はOKですか？

**A4**　ノーバウンドは、はじめは「なし」にします。バウンドのリズムに合わせてボールを打つ感覚を養わせたいため、また、正面に来たボールや深いボールを適当にノーバウンドで返球することを避けるためです。

　単元の後半などで、戦術としてノーバウンド（ボレー）を使うといった作戦の工夫が自発的に生じた場合は、認めてもよいでしょう。

**Q5** サーブはテニスのように、上から強く打ってもよいのでしょうか?

**A5** 　サーブは下からやさしく相手が取りやすいように打ちます。4回ラリーをしてから5球目以降を得点としているため、そもそも、速いサーブを打つ必要はありません。もし仮に、上から強くサーブを打つことを認めた場合は、上手な子どもだけが活躍するゲームになってしまうことが危惧され、おすすめできません。

**Q6** 審判はどのようにしたらよいでしょうか?

**A6** 　審判は原則つけません。自分たちでセルフジャッジしてゲームを進めます。その理由は2つあります。
　1つ目は、豊かなスポーツライフを育むという体育科の目標の観点から、体育授業は、ルールを守る、フェアプレーをすることに加え、ジャッジに関して問題が起きたときにどう解決していくのかについて学ぶ大切な場となります。審判をつけずに自分たちでゲームを楽しむことは、大人になってスポーツに親しむ際、大前提になることです。
　2つ目は、テニスの特性という観点から、テニスは生涯スポーツの1つですが、大人になってプレーする多くの方々が、セルフジャッジでゲームを楽しんでいます。また、世界大会、全国大会規模以外の大会では、セルフジャッジで行われていることが多いです。

＜その他＞

**Q7** 第3学年〜第6学年の、どの学年で行うのが適当でしょうか?

**A7** 　どの学年でも今もっている力で十分楽しむことができます。今後の可能性として、中学年で「テニピン」、高学年で柄の付いたミニラケットを活用した「テニス型ゲーム（ラケットテニピン）」のように、テニス型授業が段階的に年間指導計画に位置付けられることを期待しています。

**Q8** 打ち方を含めた技術指導をどのように行えばよいのでしょうか?

**A8** 　「テニピン」はテニスのように、初期段階でグリップの持ち方や構え、スウィングなどの技術指導を行う必要はありません。手にはめるタイプのハンドラケットを手に付け、来たボールを打つことは、自然と容易にできるためです。学習が進行する中で、「つなげるためには」「強く打つためには」「ねらって打つためには」「回転をかけて打つためには」「バックハンドの打ち方は」など必要感が生まれた時点で取り上げ、みんなで打ち方に関わる技術について話し合っていくことが大切です。

## テニピンに関する用具・Webサイトの紹介

## 用具の情報

**1** テニピンラケット

**2** スポンジボール

（直径7cm程度）

● 販売元：ヨネックス株式会社

※製品詳細については、下記のように検索
してください。

> テニピン　日本テニス協会

● 連絡先
（公財）日本テニス協会テニピン事務局
mail：playandstay@jta-tennis.or.jp

**3** ポータブルネット

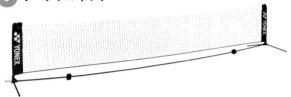

## Webサイトの情報

**1** 「TOKYO応援宣言　松岡修造の2020
みんなできる宣言」出演動画

● テレビ朝日、サンデーLIVE!! 内
出演動画

**2** 授業ダイジェスト版動画

● 日本テニス協会Webサイト

**3** 松岡修造さんの応援メッセージ動画

● 日本テニス協会Webサイト

**4** テニピン課題別練習動画

● 限定公開アドレス：
つなげてみそ／ねらってみそ／
キャッチ＆スロー／キャッチ＆
ショット／エースをねらえ／
テニピン（メインゲーム）

**5** おうちでテニピン遊び動画

● 松岡修造の公式Webサイト

 松岡修造氏の
テニピン紹介

 段ボール
ラケットの
つくり方

 一人・二人
テニピン遊び

 テニピン
ゲームに
チャレンジ

※動画については番組側・配信側の都合により、動画公開期限が終了となり、視聴できなくなることを予めご了承ください。

## テニピンの授業を経験した子どもの感想

、るりないです。
がいたにがで
ルてう合い
っ打てよ試し
ロやにるい楽
ト、って高ら
ンどこ打のか
コれとをルる
りけたルべな
また一一に
あっらボてう
、かねるしよ
はなにすりる
初かち転たき
最きう回れで

S.L

僕は、テニピンの良いところは「全員打てる」ということだと思います。コートにただいるだけではなく必ずチャンスがあるので、やりがいがあって楽しいです。
さらに、ラケットは手にはめるものなので、手の平で打つ感覚で打てて「返球&得点」がしやすいです。

N.T

「いーち！にーい！さーん！よーん！こうげきだー！」
この声をきくと スチーム同時に顔がひきしまります。いつも失敗できないと思っているものの あせってしまいミスサーブ でも、テニピンをやっている時は落ちこまずに次へ向かうことができます。他のスポーツだと気落ちしてしまうようなミスも テニピンは「つぎ！つぎ！」と思えるのです。チームワークはもちろんですが 精神力も 強くなります。この あいだは先生からエースをとりました。これだから テニピンは やめられません。

H.R

テニス経験がほとんど無い私でも、簡単に打つことができるし、みんなに得点のチャンスがあるため、自分が 活やくできる可能性があるので、テニピンが 好きです。

S.K

# ［資料①］第４学年　体育科学習指導案

日　時：令和３年２月１日
場　所：体育館
対　象：４年１組　35名
授業者：今井　茂樹

## １．単元名『テニピン』

## ２．単元の目標

○ラリーをつなげたり、ねらったところにコントロールしたりするコツを理解し、実践しながらゲームをすることができる。（知識及び技能）

○ルールを工夫しながら自分たちに合ったゲームづくりをしたり、自分の動きや相手の動きを考えた作戦を工夫したりしたことを、身体や言語で表現することができる。（思考力、判断力、表現力等）

○ルールを守り、他者と対話しながら協働的に学び合うことができる。（学びに向かう力、人間性等）

## ３．単元設定の理由

### （１）児童の実態について

　本学級の児童は、運動好きな子が多く、休み時間においてもドッジボールやサッカー、鉄棒、なわ跳びなど様々な運動に興じている。これまで、ボールゲームの学習は、タグラグビーとハンドボールを経験している。他者と対話しながら学び合い、チームや個々の力が高まることのよさを実感してきた。

　テニピンについては授業者のこれまでの実践を知っている子が多く、興味・関心が高い。魅力的な教材の提示は運動の面白さを味わううえで必要不可欠である。児童の興味・関心が一層高まる「テニピン」を児童と共に創り上げていきたい。

### （２）運動の面白さ

　運動固有の面白さを味わうことができれば、子供たちは必然的に学びを深めていくことができる。換言すれば、「主体的・対話的で深い学び」は、運動の真の面白さを味わう過程で生まれる学びと言えるのではないだろうか。本実践では、新学習指導要領の例示にも取り上げれ、注目されているテニス型の授業実践における「主体的・対話的で深い学び」とはどのような学びかについても考えたい。

### （３）指導の手立て

　テニピンの特性における特筆すべき点は「個が輝ける」ということである。全員が１得点の中で必ずボールに触れることができ、得点できる可能性をもっている。このようなゲームだからこそ、運動に主体的に関わり、学習課題に自分ごととして向き合い、運動の面白さを追究したくなるのではないだろうか。テニピンの面白さを全員が味わえるように以下の手立てを講じる。

○全員が活躍でき、運動量が保障できる魅力的な教材の提示及びルールの工夫
・「やってみたい」とワクワクするような教材・ルールを提示し、さらに楽しめるルールをクラスみんなで創り上げていく。
○今もっている力から始め、工夫した力で楽しめる指導計画の工夫
・ラリーをつなげる面白さからラリーを断ち切る面白さへ少しずつシフトしていく。
○個人やチームの必要感に応じた課題別練習の提示やめあてのもたせ方の工夫
・子供たちが何を面白がっているのかを教師が児童目線で把握し、課題別練習を提示し、個々が適切なめあてをもてるようにする。
○振り返りによる学びの拡張
・児童と教師の面白さの考え方・捉え方を毎時間修正し、児童の立場からの課題提示や振り返りの視点の明確化を図る。

## 4．学習指導計画（全8時間）

第1次：オリエンテーション・ラリーを続けることを意識してゲームを行う。…… 3時間
第2次：個人の課題やチームの作戦を意識し、リーグ戦を行う。……5時間（**本時3／5時**）

## 5．本時の学習指導（6／8時）

### （1）本時のねらい

・素早く打点に入りラリーを続けたり、ねらったところにボールをコントロールしてラリーを断ち切ったりすることができる。
・個やチームの課題を明確にもち、練習を選んだり、作戦を立てたりすることができる。

### （2）本時の展開

| 主な学習活動（・予想される児童の活動） | ○留意点　☆テーマとの関連　※評価 |
|---|---|
| **1．チームごとに学習の準備をする。**<br>・場や用具の準備<br>・準備運動 | ○学習の見通しがもてるように、学習の流れ、対戦相手、コートを掲示資料で確認する。<br>○準備運動を行い、十分に体をほぐすようにする。 |
| **2．本時の学習の流れ、ポイントを確認する。**<br>・作戦や技能について<br>・付け加えられたルールの確認 | ☆**前時の振り返りを紹介し、本時の学習課題を確認する（運動の面白さの捉え直し）。** |
| どうしたら得点を取れるか状況判断して、ボールを打ち返そう。 ||
| **3．個のめあてに応じた練習をする。**<br>・ねらったところに打ち返す練習をする<br>・スペースを意識した練習をする<br>・つなげる練習をする | ☆**個々の必要感に応じた練習を行い、用具を操作する力や空間認識力を身に付けさせる。**<br>※自分の課題を明確にもち、課題を意識した練習を選択し実行している。 |
| **4．チームで作戦に応じた練習をする。**<br>・技能を高める練習をする<br>・作戦を意識した練習をする<br>・ゲームをする | ☆**作戦を意識した練習ができるように動きの例を挙げ、作戦が実現する喜びを味わわせる。**<br>※攻めるとき、守るときの動き方や打ち方を考え、実行しようとしている。 |
| **5．リーグ戦をする。**<br>・コートは4面用意する<br>・ゲームはダブルス（2対2）<br>・ゲーム1（前後半3分）－チームの時間（3分）－ゲーム2（前後半3分）<br>・審判はセルフジャッジ | ○作戦を意識してゲームができるように表情や動きなどを観察しながら、個に応じた声かけをする。<br>☆**よい動きは積極的に称賛して、本人も周りの子どもも認識できるように声をかける。**<br>※自分たちが考えた作戦や身に付けた技能がゲームの中で活かされている。 |
| **6．ゲームを振り返る。**<br>・チームで振り返る<br>・全体で振り返る（作戦・よい動き）<br>・個で振り返る<br>・片付け | ☆**振り返りは、テニピンの面白さに関する「友達の動きを見て真似してみたいと思ったこと」「自分やチームのよい動きや次に活かしたいこと」に絞って話し合う。**<br>**（振り返りによる学びの拡張）**<br>※テニピンの面白さの具体を捉え直し、次時のめあてづくりに活かしている。 |

# [資料②] 令和2年度　体育科年間計画

| 月 | 4月 | 5月 | 6月前 | 6月中～7月 | 8・9月 |
|---|---|---|---|---|---|
| 期間 | 4/6～5/1 | 5/7～5/22 | 5/25～6/5 | 6/8～7/17 | 8/31～9/25 |
| 1年<br>(102) | ●体つくり運動<br>・集団行動<br>●器械・器具を使っての運動<br>・固定施設遊び　⑤ | ●ゲーム<br>・鬼遊び<br>・的当てゲーム　⑩ | ●走・跳の運動遊び<br>・川跳びケンパー<br>●器械・器具を使っての運動<br>・鉄棒遊び　⑥ | ●水遊び　⑫ | ●体つくり運動<br>・折り返し運動<br>・壁登り逆立ち<br>●器械・器具<br>・マット遊び　⑩ |
| 2年<br>(105) | ●体つくり運動<br>・集団行動<br>●器械・器具を使っての運動<br>・固定施設遊び　⑧ | ●ゲーム<br>・鬼遊び<br>・キックベース　⑩ | ●走・跳の運動遊び<br>・ゴム跳び<br>●器械・器具を使っての運動<br>・鉄棒遊び　⑥ | ●水遊び　⑫ | ●体つくり運動<br>・折り返し運動<br>・壁登り逆立ち<br>●器械・器具<br>・マット遊び　⑩ |
| 3年<br>(105) | ●体つくり運動<br>・折り返し運動<br>●器械運動<br>・マット運動　⑧ | ●ゴール型ゲームI<br>・タグラグビー　⑩ | ●走・跳の運動<br>・幅跳び<br>●器械運動<br>・鉄棒　⑥ | ●浮く・泳ぐ運動　⑫ | ●ゴール型ゲームII<br>・ハンドボール　⑩ |
| 4年<br>(105) | ●体つくり運動<br>・折り返し運動<br>●器械運動<br>・マット運動　⑧ | ●ゴール型ゲームI<br>・タグラグビー　⑩<br>●保健　④ | ●走・跳の運動<br>・高跳び<br>●器械運動<br>・鉄棒　⑥ | ●浮く・泳ぐ運動　⑫ | ●ゴール型ゲームII<br>・セストボール　⑩ |
| 5年<br>(90) | ●陸上運動<br>・短距離走<br>・走り幅跳び　⑥ | ●器械運動<br>・マット運動<br>●体つくり運動<br>・体ほぐしの運動　⑥ | ●ネット型ゲーム<br>・ソフトバレーボール　⑤<br>●スポーツテスト<br>行事②+体育③<br>※4年一宇荘裏で | ●水泳　⑫ | ●陸上運動<br>・ハードル走　⑧ |
| 6年<br>(90) | ●陸上運動<br>・短距離走<br>・走り高跳び　⑥ | ●器械運動<br>・マット運動<br>●体つくり運動<br>・体ほぐしの運動　⑦ | ●ネット型ゲーム<br>・ソフトバレーボール　⑦ | ●水泳　⑫ | ●陸上運動<br>・ハードル走　⑧ |

※領域名称は一部省略している

| 10月前・中 | 10月後～11月 | 11月後～12月 | 1月 | 1月後～2月中 | 2月後～3月 |
|---|---|---|---|---|---|
| 9/28～10/17 | 10/20～11/20 | 11/24～12/24 | 1/8～1/22 | 1/25～2/12 | 2/15～3/22 |
| ●表現リズム遊び ⑧ ●走・跳の運動遊び ・リレー遊び ④ | ●体つくり運動 ・短なわ、輪 ●器械・器具 ・鉄棒遊び ●鬼遊び ⑫ | ●ゲーム ・ボンバーゲーム （テニピン） ⑧ | ●体つくり運動 ●器械・器具を使っての運動 ・跳び箱遊び ・平均台遊び ⑧ | ●ゲーム ・ボールけりゲーム ⑨ | ●体つくり運動 ・力試しの運動 ・長なわとび ・短なわ ⑩ |
| ●表現リズム遊び ⑧ ●走・跳の運動遊び ・リレー遊び ④ | ●体つくり運動 ・短なわ、輪 ●器械・器具 ・鉄棒遊び ●鬼遊び ⑫ | ●ゲーム ・シュートボール ⑧ | ●体つくり運動 ●器械・器具を使っての運動 ・跳び箱遊び ・平均台遊び ⑧ | ●ゲーム ・キックシュート ⑨ | ●体つくり運動 ・力試しの運動 ・長なわとび ・短なわ ⑩ |
| ●走・跳の運動 ・かけっこ ④ ●表現運動 ⑧ | ●体つくり運動 ・折り返し運動 ●器械運動 ・跳び箱運動 ⑫ | ●走・跳の運動 ・リレー ・小型ハードル走 ⑧ | ●体つくり運動 ・短なわ ・長なわ ・竹馬 ⑦ | ●保健 ⑥ ●体つくり運動 ・力試しの運動 ④ | ●ベースボール型ゲーム ・ラケットベース ⑧ ●器械運動 ② |
| ●走・跳の運動 ・かけっこ ④ ●表現運動 ⑧ | ●体つくり運動 ・折り返し運動 ●器械運動 ・跳び箱運動 ⑫ | ●走・跳の運動 ・リレー ・小型ハードル走 ⑧ | ●ネット型ゲーム ・テニピン ⑩ ・体つくり運動 ④ 竹馬（保健予備）（＊テニピンと組み合わせながら） | | ●体つくり運動 ⑥ ・長なわ ・力試しの運動 ●器械運動 ③ |
| ●走・跳の運動 ・リレー ●表現運動 ⑫ | ●ゴール型ゲームⅠ ・バスケットボール ⑧ | ●器械運動 ・跳び箱運動 ⑥ | ●ゴール型ゲームⅡ ・ミニサッカー ⑦ ・ベースボール型ゲーム（※選択） | ●体つくり運動 ・体ほぐしの運動 ・体力を高める運動 ⑥ | ●保健 ・けがの防止 ・心の健康 ⑦ ※●体ほぐしの運動 ④ |
| ●体つくり運動 ・体力を高める運動 ●表現運動 ⑫ | ●ゴール型ゲームⅠ ・バスケットボール ⑧ | ●器械運動 ・跳び箱運動 ⑥ | ●ゴール型ゲームⅡ ・ミニサッカー ⑦ | ●体つくり運動 ・体ほぐしの運動 ・体力を高める運動 ・ラケットテニピンと組み合わせ可 ⑥ | ●保健 ・病気の予防 ⑦ ※●体ほぐしの運動 ④ |

令和２年／４／６　東京学芸大学附属小金井小学校体育部

●著者略歴

**今井茂樹**（いまい・しげき）
東京学芸大学附属小金井小学校教諭
日本テニス協会普及委員

1979年、長野県岡谷市出身。東京学芸大学教育学部特別教科教員養成課程保健体育科卒業後、同大学院教育学研究科保健体育専修修了。東京学芸大学附属小金井小学校、天津日本人学校を経て現職。東京学芸大学非常勤講師、日本テニス協会普及委員を兼務。小学校体育テニス型ゲーム「テニピン」開発者。主な著書に『小学校体育　全員参加の指導テクニック』（明治図書出版）がある。

［協力・写真提供］公益財団法人日本テニス協会
　　　　　　　　　ヨネックス株式会社

小学校体育新教材
## 個が輝く！「テニピン」の授業づくり

2021（令和3）年2月19日　初版第1刷発行

著　者　　今井茂樹
発行者　　錦織圭之介
発行所　　株式会社 東洋館出版社
　　　　　〒113-0021　東京都文京区本駒込5-16-7
　　　　　営業部　TEL：03-3823-9206
　　　　　　　　　FAX：03-3823-9208
　　　　　編集部　TEL：03-3823-9207
　　　　　　　　　FAX：03-3823-9209
　　　　　振替　　00180-7-96823
　　　　　URL　http://www.toyokan.co.jp
［装　丁］　中濱健治
［組　版］　株式会社　明昌堂
［イラスト］　オセロ
［印刷・製本］　図書印刷株式会社

ISBN978-4-491-04364-7　Printed in Japan